Emil Martin Rudolf

Handbuch der Motorluftschiffahrt von 1907

Emil Martin Rudolf

Handbuch der Motorluftschiffahrt von 1907

ISBN/EAN: 9783957001528

Auflage: 1

Erscheinungsjahr: 2014

Erscheinungsort: Norderstedt, Deutschland

Hergestellt in Europa, USA, Kanada, Australien, Japan
Verlag der Wissenschaften in Hansebooks GmbH, Norderstedt

Inhaltsverzeichnis.

		Seite
1.	Auf der Schwelle des neuen Zeitalters	1—4
2.	Die erste Ahnung der Umwälzung	2—8
3.	Die Bedeutung der Umwälzung	9—12
4.	Die Allgegenwart des Luftfahrzeugs	13—14
5.	Jeder Punkt erreichbar	15—23
6.	Auf dem kürzesten Wege	24—25
7.	Mit der größten Geschwindigkeit	26—28
8.	Mit den geringsten Kosten	29—32
9.	Mit der größten Sicherheit	35—37
10.	Die Annehmlichkeit des Reisens	38—39
11.	Schwere Lasten für den Luftverkehr ungeeignet	40—41
12.	Im Kriege	42—46
13.	Der Landkrieg	47—57
14.	Der Seekrieg	58—61
15.	Der Luftkrieg	62—64
16.	Der Truppentransport durch die Luft	67—73
17.	Die Rückwirkung auf die Politik	74—77
18.	Größere Staaten und größere Zollverbände	78—79
19.	England keine Insel mehr	80—85
20.	Japan und Amerika	86—88
21.	Frankreich und Deutschland	91—92
22.	Der Fortschritt der Kultur	93—101

Vorwort.

Berlin, 16. Mai 1907.

Als im Jahre 1829 der Motor auf den Schienen seinen ersten Rekord in England schlug, ist niemand auf die Idee gekommen, in einem Buch die wirtschaftlichen, militärischen, politischen Wirkungen des Aufkommens der Eisenbahnen zu schildern. Ein solches Buch hätte die politische Einigung der Deutschen, den wirtschaftlichen Aufschwung der Vereinigten Staaten von Nordamerika und den unausbleiblichen Zusammenstoß des russischen Weltreichs mit der gelben Rasse in Ostasien voraussagen müssen.

Wenn jemand um das Jahr 1450, als der Kompaß sich eingebürgert hatte und die großen Segelschiffe auch gegen ungünstigen Wind zu fahren lernten, ein Buch über die Wirkungen dieser seetechnischen Verbesserungen geschrieben hätte, so hätte er die Entdeckung des Seewegs nach Indien und die Auffindung aller Länder auf der andern Seite der Erdkugel voraussagen müssen. Als nun Amerika entdeckt und der Seeweg nach Indien gefunden war, konnte es keinem Zweifel unterliegen, daß ein Inselvolk wie das britische zur führenden Rolle in der Welt berufen war.

Der Motor in der Luft wird größere Veränderungen hervorbringen als der Kompaß oder die Eisenbahn. Entbehrt ein Buch der inneren Berechtigung, welches es sich zur Aufgabe setzt, die volkswirtschaftlichen, sozialen, militärischen, politischen Wirkungen der schon gesicherten Erfindungen auf dem Gebiete der Motorluftschiffahrt darzustellen? Dies ist die Aufgabe meines Buches „Das Zeitalter der Motorluftschiffahrt".

Die Beherrschung des Luftozeans macht täglich weitere Fortschritte. Sowohl an den nicht von Gas getragenen Flugmaschinen, die schwerer als die Luft sind, wie an den von Gas getragenen Motorluftschiffen, die leichter als die Luft sind, werden fast täglich Verbesserungen vorgenommen. Die Probefahrten weisen immer weitere Erfolge auf. Die äronautische Literatur in den verschiedenen Sprachen schwillt fortgesetzt an. In einer so bewegten Zeit des Fortschrittes ist es nicht immer leicht, das Brauchbare von dem Unbrauchbaren zu unterscheiden.

Ich habe es mir in diesem Buche für die erste wie die folgenden Auflagen zur Aufgabe gesetzt, nur immer die gesicherten Erfindungen zur Grundlage meiner Schlüsse zu machen. Neue Errungenschaften, wie sie die kommenden Jahre in großer Zahl mit sich bringen werden, sollen in späteren Auflagen Berücksichtigung finden.

Mit der Möglichkeit nahe bevorstehender Verbesserungen wird auch in dieser ersten Auflage schon gerechnet.

In meinem Zukunftsgemälde „Berlin-Bagdad, das Deutsche Weltreich im Zeitalter der Luftschiffahrt 1910—1931" (Deutsche Verlags-Anstalt, Stuttgart 1907) habe ich den Versuch gemacht, das Dunkel der Zukunft aufzuhellen und die Wirkungen des Motors in der Luft auf die politische, wirtschaftliche und soziale Gestaltung des deutschen Reiches zu zeichnen. Während ich bei „Berlin-Bagdad" den Standpunkt der Zukunft ür die Bearbeitung wählte, stehe ich bei diesem Buche auf dem Boden der Gegenwart. Auch bemühe ich mich in dem „Zeitalter er Motorluftschiffahrt" die Einwirkung des Motors in der Luft uf die verschiedenen Nationen in den verschiedenen Erdteilen kurz u skizzieren.

Die Zukunft mag darüber entscheiden, in wie weit ich die Einwirkung des Motors in der Luft auf Krieg und Frieden ichtig geschildert habe. Vielleicht wird es manchem zweifelhaft rscheinen, ob meine Darstellung der kommenden Veränderung in en wesentlichen Punkten zutreffend ist. — Sicher aber ist, daß iejenigen im Unrechte sind, die der Meinung sind, es bleibe alles eim Alten. An wichtigen Veränderungen wird es nicht fehlen und jedermann tut gut, sich bei Zeiten damit vertraut zu machen.

      Das Alte stürzt, es ändert sich die Zeit,
      Und neues Leben blüht aus den Ruinen.

1. Kapitel.
Auf der Schwelle des neuen Zeitalters.

Die Menschheit steht auf der Schwelle eines neuen Zeitalters, auf der Schwelle des Zeitalters der Motorluftschiffahrt. Der Motor in der Luft ist da! Die kommenden Jahre und Jahrzehnte werden ihn vervollkommnen. Niemals aber, solange diese Erde noch besteht, wird der Motor in der Luft wieder verschwinden. In tausend Jahren wird man die Geschichte der Menschheit einteilen in das Zeitalter vor und nach der Erfindung der Motorluftschiffahrt. Der Motor in der Luft wird sowohl die Kulturgeschichte als die sogenannte Weltgeschichte in epochemachender Weise beeinflussen.

Der Motor auf dem von Gas getragenen Luftschiff, das leichter als die Luft ist, ist eine für die Menschheit gesicherte und unbestrittene Erfindung. Der Motor auf der nicht von Gas getragenen Flugmaschine, die schwerer als die Luft ist, hat bereits einige eng begrenzte Erfolge aufzuweisen und wird vielleicht zu einer gesicherten brauchbaren Erfindung sich ausgestalten.

Oder ist etwa der Motor in der Luft noch nicht da? Genügt es nicht, daß die französische Heeresverwaltung zwei Kriegsluftschiffe bereits besitzt und zwei weitere bereits in Bestellung gegeben hat? Genügt es nicht, daß der deutsche Reichskanzler durch den Ende Februar 1906 dem Reichstag zugegangenen Nachtragsetat die Lenkbarkeit und Leistungsfähigkeit des Motorluftschiffes des Grafen Zeppelin ausdrücklich anerkannt hat? Die von Gas getragenen Motorluftschiffe des Santos-Dumont, der Gebr. Lebaudy, des Comte de la Vaulx in Frankreich, des Grafen Zeppelin und des Majors von Parseval in Deutschland haben der Welt die Lenkbarkeit und Leistungsfähigkeit des Motorluftschiffes vor Augen geführt. Der kühne Flugmaschinenritt des Brasilianers Santos-Dumont am 12. November 1906 bei Paris über eine Strecke von 220 Metern hat die „Schwerer als die Luft" vor der Öffentlichkeit Europas in Ehren gebracht. Mit mehr Vertrauen als ehedem glaubt man jetzt an die nicht vor der Öffentlichkeit vollführten Flugmaschinen-Flüge der Gebr. Wright im Herbst 1905, von denen der längste am 5. Oktober 1905 in 38 Minuten und 3 Sekunden 24$^1/_2$ englische Meilen = 37 km zurückgelegt haben soll.

Im Laufe des Jahres 1907 werden all diese Erfinder von Luftfahrzeugen aufs neue Beweise ihrer Leistungsfähigkeit erbringen. Der General der Kavallerie Graf Zeppelin wird mit seinem aus Aluminium gefertigten starren Riesenluftschiff vom Bodensee landeinwärts vielleicht bis zur Nordsee fahren. Schon jetzt wird sein Luftschiff für diese Fahrten mit einem herabhängenden Bronzedraht als Empfänger für drahtlose Depeschen ausgerüstet. Der bayerische Major von Parseval wird mit seinem unstarren, losen Motorluftschiff, das sich bis jetzt nur in der Umgebung von Tegel bei Berlin gezeigt hat, weitere Probefahrten unternehmen. Der Comte de la Vaulx wird den 14 glücklichen Probefahrten, die er im Januar und Februar 1907 bei Paris unternommen hat, eine Serie weiterer Fahrten hinzufügen. Das erste Kriegsluftschiff der französischen Armee, „La Patrie", wird in Verdun an der deutschen Grenze stationiert werden, und von dort manche Probefahrt längs der deutschen Grenze unternehmen. Vielleicht wird auch das seit längerer Zeit fertige Motorluftschiff „La Ville de Paris" des Herrn Deutsch de la Meurthe sich in die Lüfte erheben.

Der Motor in der Luft ist nicht plötzlich aufgetaucht. Er ist keine nagelneue Erfindung, der gegenüber abwartende Zurückhaltung angezeigt erscheint. Bereits im Jahre 1852 hat eine Dampfmaschine, als der erste Motor in der Luft, das Luftschiff des Franzosen Henry Giffard gegen den Wind bewegt und gelenkt. In den Jahren 1884 und 1885 hat der französische Kapitän Renard in sieben erfolgreich verlaufenen Luftfahrten mit seinem von einem elektrischen Motor getriebenen Luftschiff den vollkommenen Beweis der Lenkbarkeit erbracht. Das Luftschiff gehorchte dem Motor, aber die Eigenbewegung des Luftschiffes war noch keine genügende.

Die Herrschaft der Menschen über das Luftschiff ist weit schwerer zu erreichen, als die Herrschaft über das Seeschiff. Der Widerstand der Strömungen in der Luft ist viel schwerer zu überwinden, als der Widerstand der Strömungen im Meere. Die Eigenbewegung eines Seedampfers von 20 km pro Stunde macht ihn allen vorhandenen Strömungen weit überlegen. Schon die Hälfte dieser Geschwindigkeit genügt, um ihn sicher den erstrebten Hafen erreichen zu lassen. Ein Luftschiff von 20 km Eigenbewegung pro Stunde mag nur an wenigen windstillen Tagen des Jahres erfolgreich gegen die Luftströmung, d. h. den Wind anzukämpfen. Ein Luftschiff von 40 km Eigenbewegung pro Stunde fängt grade erst an, praktisch verwendbar zu werden, während ein gleich schnelles Seeschiff wie ein Pfeil den Ozean durchfurcht und zu den schnellsten seiner Gattung gehört.

Das Luftschiff vermöchte nicht die riesenhaften Maschinen von tausenden von Pferdekräften, wie ein Seeschiff, zu tragen. Der Motor in der Luft muß leicht und wirksam zugleich sein. Als Gottlieb Wilhelm Daimler zu Cannstadt im Jahre 1887 den leichten Benzinmotor der Öffentlichkeit übergab, war das Problem der Motorluftschiffahrt um einen bedeutsamen Schritt der Lösung näher gebracht. Durch den Automobilismus ist das Motorgewicht im Benzinmotor bis auf 2 kg, neuerdings sogar bis auf $1^1/_2$ kg pro Pferdekraft herabgedrückt worden. Nun ist es möglich, Motore von 100 und mehr PS. in das Luftschiff einzubauen.

Derselbe leichte Motor ist die Seele des Motorluftschiffes wie der Flugmaschine. Aber durch seine Erfindung ist nur ein Teil des Problems der Motorluftschiffahrt gelöst. Insonderheit war die Frage der Stabilität nicht gleich gelöst. Für die Flugmaschine, die schwerer als die Luft ist, bereitet die Lösung dieser Frage noch jetzt ungeheure Schwierigkeiten. Das von Gas getragene Motorluftschiff, das leichter als die Luft ist, bedarf nicht mehr der Lösung vitaler Fragen. Der Kommandeur des preußischen Luftschiffer-Bataillons, Major Groß, ein gründlicher und vorsichtiger Fachmann, konstatiert in seiner im Jahre 1906 erschienenen Schrift „Die Entwicklung der Motorluftschiffahrt", daß das Motorluftschiff nicht mehr erfunden zu werden braucht, sondern, daß man Luftschiffe unter Befolgung bekannter Gesichtspunkte konstruieren kann.

Die verschiedenen Systeme, die gegenwärtig erfunden sind, das starre, das halbstarre und das unstarre System werden sämtlich fortgebildet werden und zu verschiedenen Zwecken Anwendung finden.

2. Kapitel.
Die erste Ahnung der Umwälzung.

Schon die alte griechische Sage des Homer hat dem Dädalus, dem größten Künstler und Techniker, auch die Herrschaft über die Lüfte angedichtet. In dem Sturz seines Sohnes Ikarus, der mit seinen aus Wachs gefertigten Flügeln der Sonne zu nahe kam, kennzeichnet sich die Schwierigkeit des Problems. Aber dem götterähnlichen Dädalus glückt die Flucht durch die Luft von Kreta nach Italien.

In ähnlicher Weise hat die altnordische Sage von Wieland, dem kunstfertigen Schmied, dem Genie die Möglichkeit verliehen, sich durch die Luft aus der Gefangenschaft zu befreien.

In beiden Sagen ist die Bedeutung der dem Willen des Menschen unterworfenen Luftschiffahrt richtig erkannt: in der Beherrschung der Luft liegt die Befreiung des Menschen. Das Genie des Menschen unterwirft ihm die Natur, verleiht ihm die Herrschaft auch über die Luft und gibt ihm so das Mittel zur Freiheit und zum Fortschritt. Beherrschung der Natur und Befreiung des Geistes ist das Wesen und Ergebnis der Aëronautik. Der Erfinder der Theorie des Luftballons, der Jesuitenpater Francesco Lana aus Brescia, verrät in seinem im Jahre 1670 erschienenen Buch über das Luftschiff das volle Bewußtsein von der Bedeutung dieser Umwälzung. Er schließt sein Buch mit der Überzeugung, daß Gott es niemals zugeben werde, daß eine solche Maschine mit gutem Erfolge zustande komme, wegen der vielen Folgen, die daraus entstehen möchten — wodurch die bürgerliche Regierung der Menschen beunruhigt werden könnte.

Im Jahre 1709 hat ein anderer Jesuit, Lourenzo de Gouzmao[*])

---

[*]) Es kann dahin gestellt bleiben, wie dieser Erfinder in Wirklichkeit hieß, und ob er Mönch oder Physiker war. Vgl. A. Hildebrandt, Die Luftschiffahrt, München 1907, Seite 6.

in Liſſabon, ſich ein Patent auf die Erfindung eines Luftſchiffes geben laſſen. Die Unterſtützung und Gunſt des Königs von Portugal wußte der kluge Mann ſich dadurch zu verſchaffen, daß er dem König ein portugieſiſches Weltreich auf Grund der Beherrſchung der Luft vor Augen malte. Da ſein Luftſchiff nichts taugte, ſtarb er ſchließlich, von der Inquiſition verfolgt, elend im Exil. Eine deutſche Zeitung von der Naumburger Meſſe aus dem Jahre 1709 verbreitete die Nachricht, daß man wahrſcheinlich dieſen Luftſchiffer verbrennen würde. „Vielleicht, damit dieſe Kunſt, welche — wenn ſie gemein werden ſollte — große Unruhe in der Welt verurſachen könnte, unbekannt bleiben möge."*)

Die alte Zeitung hat recht. Der Motor in der Luft wird große Unruhe in der Welt verurſachen. Auch Francesco Lanas' Ahnung, daß die bürgerliche Regierung der Menſchen durch die mancherlei Folgen der Motorluftſchiffahrt beunruhigt werden könnte, iſt eine echte Prophezeiung. Und wenn Gouzmao dem Könige von Portugal ein brauchbares Motorluftſchiff zu liefern vermochte, ſo konnte er ihm daraufhin getroſt die Weltherrſchaft Portugals in Ausſicht ſtellen.

---

*) Major H. W. L. Moedebeck „Die Luftſchiffahrt" (Straßburg 1906) Seite 5.

3. Kapitel.

Die Bedeutung der Umwälzung.

Vielleicht ist die Umwälzung gar nicht so groß, wie man früher gedacht hat. Luftschiffer sind Phantasten. Und Phantasten haben nicht die Fähigkeit, die politischen, militärischen, wirtschaftlichen und sozialen Konsequenzen einer neuen Erscheinung ruhig abzuwägen. Wer ist eigentlich berufen, den Eintritt einer bedeutsamen Erfindung auf dem Gebiete des Verkehrswesens zu erkennen und zu würdigen? Eigentlich niemand.

Aber schließlich muß doch irgend jemand in der Lage sein, sich ein Urteil über eine solche neue Erfindung auf dem Gebiete des Verkehrswesens zu bilden. Wer die Technik der Luftschiffahrt kennt und vom Militärwesen, der Volkswirtschaft, der Sozialpolitik, der Geschichte einige Kenntnis hat, wird sich auch ein Urteil über die Motorluftschiffahrt erlauben dürfen. Auf keinen Fall kann es vollkommen unnütz sein, wenn man einmal die Eigenschaften des Motorluftfahrzeuges mit den Eigenschaften der anderen Verkehrsmittel vergleicht. Die Eisenbahn, die elektrische Straßenbahn, das Automobil, der von Pferden gezogene Wagen, das Dampfschiff — all diese Verkehrsmittel haben bestimmte Eigenschaften. Auf Grund dieser Eigenschaften dienen sie bestimmten Zwecken und üben sie eine starke Wirkung aus.

Sollte der Motor in der Luft Eigenschaften von der Bedeutung des Dampfschiffes oder der Eisenbahn besitzen, so würde er auch wie diese mancherlei wichtigen Zwecken dienen können. Die Einwirkung des Dampfschiffes und der Eisenbahn auf das Leben der Völker ist eine sehr bedeutende gewesen. Der Motor in der Luft würde also einen entsprechenden Einfluß ausüben. Vielleicht besitzt er Eigenschaften, die ihn zu noch weit größeren Leistungen befähigen. Es wird sich nicht leicht jemand finden, der den Beweis zu führen unternimmt, daß der Motor in der Luft weniger befähigt ist. Sicher wird er nicht alle Eigenschaften besitzen, die dem Dampfschiff und der Eisenbahn inne wohnen. Er wird wahrscheinlich oder sicher niemals auch nur annähernd so große Lasten transportieren können, wie diese Verkehrsmittel. Aber es ist doch nicht ausgeschlossen, daß der Motor in der Luft wichtige andere Eigenschaften aufweist, die dem Dampfschiff und der Eisenbahn nicht zukommen.

Auch bei dem Aufkommen der Eisenbahnen konnte man natürlich die Wirkungen nur in großen Umrissen übersehen. Nur die gescheitesten Leute sahen über das Nächstliegende hinaus. Goethe sagte schon im Jahre 1828 in seinem Gespräch mit Eckermann: „Mir ist nicht bange, daß Deutschland nicht Eins werde, unsere guten Chausseen und künftigen Eisenbahnen werden schon das Ihrige tun." Vielleicht wird auch der Motor in der Luft seine Einwirkungen bis tief in das Gebiet der Politik hinein erstrecken. Auf Grund ihres Beharrungsvermögens sträuben sich die Menschen im allgemeinen gegen die Anerkennung einer grundstürzenden Neuerung. Das riesenhafte chinesische Reich hat sich durch Jahrtausende bemüht, jede neue Erfindung fern zu halten. Auch in Rußland hat man anfangs wenig Sympathie für die Einführung des Eisenbahnwesens gezeigt. Der Finanzminister des Kaisers Nikolaus I., Kankrin, untersagte den Bau der Eisenbahnen, weil sie die „Unbeständigkeit des Geistes unserer Epoche" vergrößerten. Wie schwer es war, in Deutschland das Verständnis für den Eisenbahnbau zu erwecken, hat der große schwäbische Volkswirt Friedrich List sattsam erfahren. Seinen im Jahre 1832 veröffentlichten Plan, wonach alle größeren Städte Deutschlands durch den Schienenstrang miteinander verbunden werden sollten, hielt man für phantastisch, unausführbar und gefährlich. In Rußland hat hauptsächlich die militärische Notwendigkeit, von der sich die Regierung während des Krimkrieges überzeugte, zum Bau von Eisenbahnen gezwungen. Schon heute zwingen militärische Gesichtspunkte die Staaten zur Förderung der Motorluftschiffahrt. Die Rüstung für den Krieg wird den Motor in der Luft schnell vervollkommnen und ihm dadurch erhöhte Bedeutung verleihen. Gegenwärtig wird die Bedeutung des Motors in der Luft am meisten von derjenigen Kriegsmacht gewürdigt, die auf eine Ergänzung ihrer Kriegsrüstung durch

Kapitalaufwendung in besonderem Maße bedacht ist, nämlich von der französischen.

Vielleicht kann man die Bedeutung der Motorluftschiffahrt im voraus schätzen auf Grund des Einflusses, den Kanäle oder Straßen ausgeübt haben. Gute Straßen und Kanäle waren bislang unzertrennlich mit der Kultur verbunden. Die Heeresstraßen der alten Römer und der Suezkanal sind ebenso von politischem Einfluß gewesen, als in Zukunft der Panamakanal. Wiederholt hat die Entdeckung neuer Handelswege zu Wasser wie zu Lande sehr wichtige wirtschaftliche und politische Wirkungen gezeitigt. Welche gewaltigen Umwälzungen hat die Entdeckung des Seewegs nach Indien durch Vasco de Gama im Jahre 1498 gehabt! Der Glanz Venedigs verblaßte, Portugal und Holland zogen zunächst, England später den Hauptvorteil der neuen Entdeckung.

Die Entdeckungsfahrten nach Indien und Amerika sind wesentlich gefördert worden durch die Erfindung und Einwirkung des Kompaß. Die Vervollkommnung der Technik der Schiffahrt unterwarf Amerika und Indien der Macht der Europäer. Die Anwendung des Schießpulvers sicherte die Überlegenheit gegenüber den Eingeborenen. Ist es möglich, daß die Schlachtluftschiffe vollständig ohne Einfluß auf die Geschichte der Völker sind? Ist es sicher, daß die Motorluftschiffahrt nicht einen Beitrag zur Zivilisation von Inner-Afrika liefert?

Selbst kluge Leute haben mir schon viele Einwürfe gegen die Motorluftschiffahrt gemacht, die mich an die Einwürfe erinnern, die man um das Jahr 1669 in England dem Aufkommen der Landkutschen entgegensetzte. Diese Neuerung wurde für das größte Mißgeschick erklärt, welches sich je in England ereignet habe. Die Landkutschen würden den gesamten Handel zerstören. Die zahlreichen Gegner führten aus, daß sich die Reisenden in der Zukunft keine Schwerter und Pistolen mehr zu kaufen brauchten, und daß deren Kleider so sehr geschont würden, daß eine Erneuerung viel seltener erforderlich wäre, wie auch der Verbrauch von Wein und Bier in den Gasthöfen bedeutend geringer werden müßte. Die Menschheit selbst würde verweichlichen, da das Reiten abkäme, und damit die Menschen entwöhnt würden, Frost, Hitze, Schnee und Regen zu ertragen. Als die Landkutschen einige Jahre im Gebrauch waren, konnten die Gegner mit statistischem Material aufwarten. Um das Riesenhafte des bevorstehenden nationalen Niederganges darzutun, wurde angeführt, daß zwischen den Städten York, Chester, Exeter und London nicht weniger als 36 Personen wöchentlich reisten, was im Jahre die enorme Zahl von 1872 Personen ergäbe.

Ich fürchte, daß der Luftschiffverkehr die Menschen derartig durcheinander wirbelt, daß in vielen Ländern große Parteien sich bilden werden, um der Verbreitung dieses gemeingefährlichen Vehikels entgegenzutreten. Ob man in China gar nichts einzuwenden haben wird, wenn Hunderte, wenn Tausende Motorluftschiffe monatlich im Innern des himmlischen Reiches landen, und Zehntausende von Europäern monatlich kommen und gehen? Wird man in Rußland der Ausdehnung des Motorluftschiffes niemals Hindernisse in den Weg legen?

Die Bedeutung der Motorluftschiffahrt im Vergleich zu der Bedeutung der Verkehrsmittel und Verkehrswege, die bisher bekannt waren, muß geprüft werden nach dem Gesichtspunkt, in wie weit die Herrschaft des Menschen über den Raum gefördert wird. In welchem Maße wird das Motorluftfahrzeug die Herrschaft des Menschen über den Raum erweitern? Das Sehnen der Menschen nach der Befreiung vom Standort drückt Goethes Faust so wahrheitsgetreu mit den Worten aus:

> „Ja, wär' ein Zaubermantel mein
> Und trüg er mich in ferne Länder,
> Mir sollt' er um die köstlichsten Gewänder,
> Nicht feil um einen Königsmantel sein."

4. Kapitel.
Die Allgegenwart des Luftfahrzeuges.

Welches sind denn nun die besonderen Eigenschaften des Motorluftfahrzeuges? Unter mancherlei Eigenschaften steht eine obenan. Diese Eigenschaft ist nur dem Motorluftfahrzeug eigen. Sie bildet ganz eigentlich das Wesen dieses neuen Transportmittels und befähigt es, ein neues Zeitalter einzuleiten. Diese Eigenschaft ist eine magische Kraft, sie ist die Tarnkappe der Sage, sie ist der Zaubermantel in Goethes Faust. Sie ist eine Eigenschaft, die seit Urzeiten nur der Gottheit zugeschrieben wird.

Dem Motor in der Luft wohnt die Eigenschaft der Allgegenwart inne. Für den Motor in der Luft ist jeder Punkt sowohl auf dem Lande, als auf dem Wasser, als in der Luft erreichbar. Er ist aber nicht nur erreichbar, sondern er ist auf dem kürzesten Wege, mit der größten Geschwindigkeit, mit den geringsten Kosten, mit der größten Sicherheit und mit der größten Annehmlichkeit zu erreichen.

Diese Eigenschaften zusammen bilden den Begriff der Allgegenwart. Der Motor in der Luft ist nicht nur allgegenwärtig auf der Erdoberfläche, sondern er ist es auch in der Luft. Bisher erschien es dem Menschen als etwas für Menschen Unmögliches, von den Hindernissen, die sich der Fortbewegung auf der Oberfläche der Erde entgegenstellen, befreit zu sein. Durch den Motor in der Luft erlangt aber der Mensch nicht nur die Herrschaft über die räumliche Ausdehnung der Erdoberfläche, sondern auch über die auf ihr lagernde Atmosphäre in einer Höhe von wohl mehr als 10 000 Meter.

Die Eigenschaft der Allgegenwart wohnt dem Motor in der Luft als solchem inne. Sie kommt ihm aber nicht auf der Flugmaschine, die schwerer als die Luft ist, in dem gleichen Maße zu wie auf dem Motorluftschiffe, das von Gas getragen wird und daher leichter als die Luft ist. Die nicht von Gas getragene Flugmaschine wird immer mehr an der Erde kleben. Sie wird nicht so leicht, wie das Motorluftschiff, Tausende von Metern hochsteigen können. Aber nicht nur in vertikaler Richtung, sondern auch in horizontaler Richtung über die Erdoberfläche weg ist die Eigenschaft der Allgegenwart der Flugmaschine in geringerem Maße zugemessen, wie dem Motorluftschiff. Die Flugmaschine wird voraussichtlich nie den Aktionsradius besitzen, also so weite Entfernungen ohne Unterbrechungen zurücklegen können, wie das Motorluftschiff.

Nach verschiedenen Gesichtspunkten wird sich der Mensch bald der Flugmaschine, bald des Motorluftschiffes bedienen. Für den Menschen ist es von untergeordneter Bedeutung, ob er einen Punkt auf der Erdoberfläche oder in der Luft mittelst des „Schwerer als die Luft" oder mittelst des „Leichter als die Luft" erreicht. Das Epochemachende ist, daß der dem Willen des Menschen unterworfene Motor, sei es auf dem „Leichter als die Luft", sei es auf dem „Schwerer als die Luft", dem Menschen die Eigenschaft der Allgegenwart verleihen kann.

5. Kapitel.

Jeder Punkt erreichbar.

Das Vorwärtskommen des Menschen auf diesem Erdball ist seit Urzeiten ein sehr beschwerliches und sehr begrenztes gewesen. Das Bestreben, vorwärts zu kommen, die Herrschaft über den Raum zu erlangen, den Machtbereich zu erweitern, macht nicht nur das Wesen der größten Männer, sondern auch der bedeutendsten Ideen aus.

Bis jetzt hat sich aber auf dieser Erde nichts ereignet, das nicht den Stempel des Lokalen, des Territorialbegrenzten an sich trägt. Wirklich universell, wirklich international ist bisher noch nichts gewesen. Starke Willen und große Ideen sind im Laufe der Jahrtausende in der Welt aufgetreten, aber sie haben sehr schnell eine territoriale Schranke gefunden. Tschingiskan zog von Peking bis Westeuropa, Alexander der Große von Mazedonien nach Indien, Napoleon von Paris nach Moskau, aber ihr Vordringen fand bald eine örtliche Schranke. Der Aktionsradius ihrer Kriegsmacht war kleiner als der Wille des Kriegsherrn. Mit welcher Begeisterung ist die christliche, die mohammedanische und buddhistische Religion von den Gläubigen in die Welt hinausgetragen worden! Aber auch diese verbreitetsten Religionen haben im Laufe der Jahrhunderte und Jahrtausende nur ein räumlich beschränktes Ausdehnungsgebiet finden können. Das tibetanische Hochland blieb einem Tschingiskan ebenso unerreichbar, wie der christlichen Lehre. Den modernsten, geistigen Bewegungen geht es trotz den Eisenbahnen und Telegraphen ebenso wie den ältesten. Sie stoßen auf territoriale Schwierigkeiten. Die Sozialdemokratie will international sein, aber Hunderte von Millionen Menschen auf dieser Erde haben noch nie etwas von ihr gehört. Man wird die Weltgeschichte in Zukunft vielleicht in zwei Abschnitte einteilen: in den lokalen und universellen. Die Grenze bildet die Einführung des Motors in der Luft.

Welche Hindernisse stellten sich dem Menschen entgegen, wenn er im Altertume weitere Entfernungen zurücklegen wollte oder gar irgendeine Last zu transportieren unternahm! Das Gebirge, die Wüste, der Urwald, das Wasser beschränkten sein Fortkommen. Wie in den ersten Anfängen der Kultur, so ist auch heute noch im Orient und in Mittelafrika der Mensch vielfach sein eigenes Lasttier. Frühzeitig wußte sich der Mensch jedoch einzelne Tiere zunutze zu machen. Das Kamel gehört zum Bilde der Wüste, das Maultier zu den nur auf Saumwegen passierbaren Gebirgsgegenden. Welche Schwierigkeiten bereitet es dem wichtigsten, modernen Verkehrsmittel, der Eisenbahn, den Weg durch das Gebirge zu erschließen! Nur langsam breitet sich die Eisenbahn in China, in Afrika, in Südamerika aus. Der Postverkehr in diesen weiten Teilen der Erde wird noch auf die altertümlichste Weise vermittelt. In China oder Marokko werden riesenhafte Entfernungen zu Fuß von Postboten zurückgelegt. In das Innere Afrikas dringt überhaupt noch keine Post. Das vollkommenste der bisherigen Verkehrsmittel auf dem Lande, die Eisenbahn, erfordert ungeheure Unkosten für den Bau der Bahnlinie. Selbst in den zivilisiertesten Ländern liegt ein großer Teil sämtlicher Ortschaften der Eisenbahn fern. Die Post und der Personenverkehr auf weite Entfernungen ist an dieses für schwere Lasten dauernd unentbehrliche Verkehrsmittel gebunden.

Auch das Automobil ist an die Straße gebunden und erfordert sogar einen besonders guten Weg. Das Dampfschiff erlangt seine Bewegungsfreiheit erst auf hoher See und sucht beim Einlaufen in den Hafen oder die Flußmündung ängstlich, mit Hilfe des Lotsen die Untiefen zu vermeiden und die richtige Fahrrinne zu finden. Das Schiff kann das Wasser ebensowenig verlassen wie der Wagen das Land. Über das Wasser und über das Land saust aber dasselbe Motorluftfahrzeug. Der Motor in der Luft spottet des Hochgebirges, der Wüste und der brandenden See. Das Motorluftfahrzeug löst den Menschen los von den Schwierigkeiten und Fährnissen der Erde und des Wassers und nimmt für ihn den Kampf mit den Strömungen der Luft auf.

Gibt es noch irgendeinen Punkt auf der Erdoberfläche, zu _e oder zu Wasser, der für das Motorluftschiff unerreichbar wäre? Schon der motorlose Kugelballon hat den Ärmelkanal und das Hochgebirge der Alpen wiederholt überflogen. Bereits am 7. Januar 1785 flog der Franzose Blanchard, begünstigt von dem Nordwestwind, in $2^1/_2$ Stunden von Dover nach Calais. Bei dem ersten internationalen Ballonrennen um den Gordon-Bennet-Preis kreuzten in der Nacht vom 30. September auf 1. Oktober 1906 nicht weniger als sieben Ballons den Kanal auf der Fahrt von Frankreich nach England und landeten sämtlich glücklich in England. Am 11. November 1906 überflogen die beiden Italiener Usuelli und Crespi von Mailand den Montblancgipfel in einer Höhe von 6800 Meter. All diese Leistungen wurden bewerkstelligt mit dem motorlosen Kugelballon. Ein Motorluftschiff, wie das des Comte de la Vaulx wird ebenso auf den Bergen der Alpen wie auf einer Insel oder einem Dampfer im Ozean landen können. Im Januar und Februar 1907 ist der Comte de la Vaulx mit seinem kleinen lenkbaren Motorluftschiff von 762 cbm an einer Reihe von Tagen zusammen nicht weniger als 14mal bei Paris aufgestiegen, um ebenso oft glücklich und ohne Schwierigkeit zu landen. Auch das erste Schlachtluftschiff des französischen Heeres, die „Patrie", landet da, wo es der Führer will. Der Comte de la Vaulx hat von dem Ventil zum Zwecke der Landung so wenig Gebrauch gemacht, daß sein Luftschiff durch 52 Tage während der Übungszeit in gefülltem Zustande verblieb. Dem riesenhaften starren Aluminiumluftschiff des Grafen Zeppelin ist zurzeit die Landung ohne Schwierigkeit nur auf dem Wasser möglich, aber es ist nicht daran zu zweifeln, daß geringe technische Verbesserungen auch für dieses Riesenschiff von so ansehnlichem Gewicht ein Landen auf dem Lande ermöglichen werden.

Nach dem gegenwärtigen, schnell veränderlichen Stande der Technik ist der Ozean noch nicht für das Motorluftschiff ohne weiteres zu überfliegen. Das Zeppelinsche Motorluftschiff von 11000 cbm Gasinhalt vermag bei Anwendung nur eines Motors und Stillstehen des anderen in 120 Stunden nach theoretischer Berechnung 4800 km durch die Luft zurücklegen. Diese Entfernung langt noch nicht ganz für eine Reise nach Amerika, da die Entfernung reichlich 5000 km von Europa beträgt. Aber bei günstigem Ostwind könnte auch mit diesem Luftschiff schon jetzt die Aufgabe gelöst werden. Fährt das Motorluftschiff mit dem Winde, so kann es den Motor abstoppen und das Benzin sparen. Es bewegt sich dann genau mit der Schnelligkeit des Windes ohne ihn überhaupt zu merken. Sobald der Graf Zeppelin ein neues Motorluftschiff von etwa 20 000 cbm Gasinhalt (statt jetzt ca. 11 000) gebaut hat, würde sich eine Fahrt nach Amerika bei normalem Wetter ohne Zweifel bewerkstelligen lassen.

Das gegenwärtige Motorluftschiff des Grafen Zeppelin kann fahren: mit beiden Motoren zusammen während 60 Stunden zu 50 km insgesamt 3000 km, mit nur einem Motor in 120 Stunden zu 40 km insgesamt 4800 km. Das ist die größte bisher erreichbare Fahrtleistung. Allerdings ist dies nur eine theoretische Berechnung, die Graf Zeppelin am 19. September 1906 auf der 78. Versammlung deutscher Naturforscher und Ärzte in Stuttgart vorgetragen hat. Die Probefahrten am 9. und 10. Oktober 1906 haben aber bewiesen, daß die Eigenbewegung seines Luftschiffes bei Anwendung beider Motore 50 km in der Stunde beträgt. Die höchste Eigenbewegung war sogar 15 m pro Sekunde, das heißt 54 km pro Stunde.

Unter Eigenbewegung versteht der Luftschiffer die Bewegung des Luftschiffes während der Windstille lediglich auf Grund des Motors. Gegen den ungünstigen Wind von 6 m in der Sekunde vermag dieses Aluminiumluftschiff mit einem Motor in 4 Tagen 1700 km zurückzulegen. Unter ungünstigen Windverhältnissen kann es also ein Ziel, das 1700 km entfernt liegt, mit Sicherheit erreichen, ohne Unterbrechung der Fahrt. Das Luftschiff kann sich also von einem Ort, zu welchem es zurückkehren will, unter ungünstigen Windverhältnissen bis 850 km entfernen, ohne seinen Benzinvorrat zu erneuern. Mit andern Worten: Der Aktionsradius des starren Aluminiumluftschiffes von 11 000 cbm beträgt 850 km.

Bei den kleineren halbstarren oder unstarren Motorballons ist der Aktionsradius bedeutend geringer. Bei der „Patrie" von 3150 cbm Gasinhalt ist der Aktionsradius noch nicht erwiesen. Er beträgt nach theoretischer Berechnung 225 km. Die „Patrie" kann nämlich in 10 Stunden 450 km zurücklegen.*) Bei dieser auf den Benzinvorrat begründeten theoretischen Berechnung wird aber übersehen, daß durch den Gasverlust der Ballon schon in vier

---

*) L. Sazerac de Forge, La Conquête de l'Air, Nancy, 1907, Seite 295.

Stunden seine pralle Form vollständig verloren hat und daher landen muß. Würde die „Patrie" statt nur ein Ballonet oder Luftsack zwei Ballonets besitzen, so würde es durch Einpumpen von Luft in die Ballonets länger möglich sein, der Gashülle die pralle Form zu erhalten. In Wirklichkeit kann also die „Patrie" als Höchstleistung vorläufig nur eine Luftreise von 100 Kilometern in vier Stunden unternehmen. Mit andern Worten: der tatsächliche Aktionsradius der „Patrie" beträgt infolge des Gasverlustes nur etwa 50 Kilometer.

Die starre Aluminiumhülle des Zeppelinschen Luftschiffes kann durch das Entweichen des Gases seine Form nicht einbüßen. Das unstarre Motorluftschiff des Majors von Parseval würde an dem gleichen Mangel wie die „Patrie" leiden, wenn es nicht über zwei Ballonets verfügte. Es ist daher sehr wahrscheinlich, daß das Parsevalsche Motorluftschiff einen weit größeren Aktionsradius hat als die „Patrie". Nach dem Benzinvorrat gemessen kann das Parsevalsche Motorluftschiff 500 km zurücklegen. Der Aktionsradius würde also 250 km betragen, vorausgesetzt, daß das Entweichen des Gases nicht auch hier einen Strich durch die Rechnung macht.

Wenn die „Patrie" nicht schon nach vier Stunden ihre pralle Form einbüßte, so würde die französische Heeresverwaltung ohne Zweifel mindestens sofort 12 Motorluftschiffe dieser Art in Auftrag gegeben haben, vielleicht sogar eine weit größere Anzahl Nach Capitain L. Sazerac de Forge (La conquête de l'air. S. 343) soll nämlich im Ernstfall jede der fünf französischen Armeen und daneben noch der Generalissimus je zwei Motorluftschiffe dieser Art zugeteilt erhalten, solange die deutsche Armee noch nicht über Kriegsluftschiffe verfügt. In der Tat würden zwölf Kriegsluftschiffe von ausreichendem Aktionsradius im Kriegsfall einen gewaltigen Vorteil der französischen Armee darstellen. Aber gerade in dem Unterlassen oder Aufschieben des Baues so vieler Kriegsluftschiffe liegt das stillschweigende Eingeständnis, daß der Aktionsradius der „Patrie" noch unbefriedigend ist. Es erscheint aber keineswegs ausgeschlossen, daß die der „Patrie" noch anhaftenden Mängel schon bei den beiden neuen in Auftrag gegebenen französischen Kriegsluftschiffen in erheblichem Umfange beseitigt werden.

Je mehr Motorluftschiffe in den verschiedenen Ländern vom Staat oder von Privaten gebaut werden, um so schneller werden die technischen Mittel zur Überwindung der Unvollkommenheiten erfunden. Da das Motorluftschiff nicht nur für den Krieg, sondern auch für den Verkehr im Frieden von größter Bedeutung ist, sollten die Staaten es sich zur Aufgabe machen, durch den schleunigen Bau zahlreicher Motorluftschiffe verschiedener Systeme die notwendigen Erfahrungen so schnell als möglich zu sammeln. Sowohl in Deutschland als in Frankreich sind die vom Staate für diese Zwecke zur Verfügung gestellten Summen noch viel zu gering. Statt einer halben Million Mark im Nachtragsetat für das Jahr 1907 hätte das Deutsche Reich 20 Millionen Mark zur Förderung der Motorluftschiffahrt im gegenwärtigen Etat aussetzen sollen. Wir werden weiter unten sehen, daß die Motorluftschiffahrt große Veränderungen und Verschiebungen in den militärischen und politischen Machtverhältnissen zur Folge haben wird. Ohne Zweifel wird manche Veränderung manchem Staate sehr unerwünscht kommen. Auch die Eisenbahn und das Dampfschiff haben große Veränderungen hervorgebracht. In letzter Linie aber ist an dem Fortschritt der Kultur das Interesse der gesamten Menschheit ein solidarisches. Zu den wichtigsten Fragen der Gegenwart gehört die Vervollkommnung der von Gas getragenen Motorluftschiffe, insonderheit aber die Erweiterung ihres Aktionsradius.

Bei den Flugmaschinen, die schwerer als die Luft sind, wird der Aktionsradius von $18^1/_2$ km, wie ihn der Aёroplan der Gebr. Wright angeblich haben soll, auf lange Zeit hinaus als ein sehr befriedigendes Resultat betrachtet werden. Vor der Hand wird sich das Streben darauf richten, einen Aktionsradius von nur 1 km wirklich darzulegen. Der Aktionsradius der „Schwerer als die Luft" wird schon deshalb immer enger begrenzt bleiben, weil sie zum Tragen eines größeren Benzinvorrates nicht wohl geeignet sind. Sollte der leichte elektrische Motor samt Batterie, an dem Edison schon seit Jahren arbeitet, endlich einmal zur Wirklichkeit werden, so könnte allerdings auch die Flugmaschine einen sehr ansehnlichen Aktionsradius erlangen. Auch der Aktionsradius des Motorluftschiffes könnte sich durch diese Erfindung sehr erweitern.

Solange der Aktionsradius den Motorluftschiffen die Fahrt

über den Ozean nicht gestattet, werden sie mehr oder weniger an dem Lande kleben. Sie werden allerdings ihre Hauptaufgabe sofort darin finden, kleine Meere wie die Nordsee oder das Mittelländische Meer zu überfliegen. Aber das ist eben vom Standpunkt des Luftschiffers aus nur eine Landpartie. Die Überschreitung der Nordsee oder des Mittelländischen Meeres ist schon heute für ein Motorluftschiff nicht viel mehr als das Überfliegen eines Teiches. Mit dem Winde können sie eine so kleine Tour leicht ohne Benutzung des Benzinvorrates zurücklegen. Dabei haben sie die Möglichkeit in dem Falle, daß der Wind umschlägt, sofort den Motor wieder einzusetzen.

Der Motor in der Luft kann aber nicht nur jeden Punkt auf dem Lande und auf dem Wasser erreichen, sondern ihm ist auch jeder Punkt in der die Erde umgebenden Atmosphäre bis zu einer riesenhaften Höhe zugängig. Das Motorluftschiff und die Flugmaschine sind so jungen Datums, daß wir noch nicht wissen können, wie hoch ein jedes von ihnen zu steigen vermag. Aber schon mit den motorlosen Luftfahrzeugen ist es gelungen, außerordentlich hohe Punkte in der Luft zu erreichen. Am 31. Juli 1901 erreichten Professor Berson und Professor Süring vom Kgl. Preußischen Meteorologischen Institut in dem motorlosen Kugelballon „Preußen", der aber den bedeutenden Rauminhalt von 8400 cbm Gas hat, vom Tempelhofer Feld bei Berlin aus die Höhe von 10 800 m. Es ist dies die höchste Freifahrt, die in der Welt bisher unternommen worden ist. Es liegt kein Grund zu der Annahme vor, daß schon in den nächsten Jahren Motorluftschiffe eine solche Höhe erreichen werden. Von 6000 m an macht sich das dringende Bedürfnis nach künstlicher Einatmung des Sauerstoffes geltend. Auch Professor Berson und Süring haben auf künstliche Weise Sauerstoff zu sich genommen. In einem Motorluftschiff von 20 000 oder 30 000 cbm Gasinhalt wird man durch Herstellung einer Kajüte mit künstlichem Sauerstoff und Erwärmung vom Motor aus besser für die Balloninsassen einer solchen Hochfahrt sorgen können, als es in einem primitiven Kugelballon möglich ist. Für wissenschaftliche wie militärische Zwecke kann eine solche Hochfahrt in einem Motorluftschiff von großem Werte sein. Es liegt auf der Hand, daß die systematische Erforschung des Luftozeans in den höchsten Regionen durch das Motorluftschiff, welches gegen den Wind anfahren kann, außerrdentlich gefördert werden muß. Durch das Auflassen unbemannter Registrierballons und Registrierdrachen ist in den letzten 0 Jahren zur Erforschung des Luftozeans viel getan worden. Im 3. August 1905 erreichte ein unbemannter Registrierballon on Straßburg aus die höchste bekannte Höhe von 25 800 m. Am 5. November 1905 erreichte ein unbemannter Registrierdrachen hne Gas vom Observatorium zu Lindenberg bei Berlin aus ie Höhe von 6430 m.

Merkwürdiger noch als die Hochfahrten von Menschen auf inem mit Gas gefüllten Kugelballon bis 10 800 m erscheint ber die Tatsache, daß Menschen schon ohne Gas auf einem Apparat, der schwerer als die Luft ist, bis in eine Höhe von ahezu 1000 m gestiegen sind. Bereits im Jahre 1895 hat sich er englische Major Baden-Powell durch mehrere Drachen bis u einer Höhe von 90 m heben lassen. Während eines Manövers n der Themse hat sich der englische Oberstleutnant Capel mittelst olcher Drachen*) sogar auf eine Höhe von 400 m vom Winde ragen lassen, um von dort mittelst Telephon die von ihm beim einde gemachten Beobachtungen dem Hauptquartier zu melden. In einer Rede, die Generalmajor Baden-Powell am 20. März 907 vor der meteorologischen Gesellschaft in London hielt, sind euerdings in Aldershot Militärs mittelst dieser vom Wind getragenen Drachen sogar bis zu einer Höhe von 3000 Fuß, also 00 m, aufgestiegen. An einem dünnen Stahlseil sind etwa sechs olcher Drachen und auch die Gondel für den Beobachter befestigt. Da die Drachen sehr leicht sind, genügt ein mäßiger Wind von etwa 12 m in der Sekunde um sie in die Höhe zu treiben. Da die Herstellung dieser Drachenapparate zur Emporhebung eines Menschen weder die Erfindung des Gases noch ines Motors zur Voraussetzung haben, so ist es sehr eigentümlich, daß man nicht schon in früheren Jahrhunderten oder Jahrausenden auf diese einfache Idee gekommen ist.

Diese an der Leine gehaltenen Drachenapparate verhalten ich zu den motorlosen Flugapparaten, auf denen der verstorbene ilienthal seine Flugversuche machte, und zu den Flugmaschinen er neuesten Zeit wie der Fesselballon zu dem Freiballon und u dem Motorluftschiff. Sowohl die nicht von Gas getragenen

---

*) Théophile Bois, Les Cerf-Volants. Paris 1906, Seite 163.

Drachen, Flugapparate und Flugmaschinen, die alle schwerer als die Luft sind, als auch die von Gas getragenen Fesselballons, Freiballons und Motorluftschiffe, die leichter als die Luft sind, vermögen den Menschen in die Luft zu heben. Aber sowohl die „Schwerer als die Luft" als die „Leichter als die Luft" erhalten ihren wahren Wert erst durch den Motor, der sie dem Willen des Menschen unterwirft.

Die Beherrschung der Luft ohne die Unterstützung von Gas durch die „Schwerer als die Luft" erscheint als die schwierigere Aufgabe.

Der im August 1896 bei Berlin verunglückte Otto Lilienthal hatte bereits mit seinem Flugapparat ohne Motor, vom Winde getragen, Strecken von 200—400 m wiederholt zurückgelegt. Den Amerikanern Gebrüder Wright glückte es bereits im Jahre 1902 mit ihrem motorlosen Flugapparat einige Male 300 m weit sich vom Winde tragen zu lassen.*) Santos Dumont flog am 12. November 1906 mit seiner Flugmaschine 220 m. Diese Tatsachen sind öffentlich beglaubigt. Wenn man erwägt, daß der Mensch lediglich durch den geschickten Bau der Drachen vom Winde bis auf eine Höhe von 900 m gehoben werden kann, so wird man geneigt sein, einem leichten Motor auf einem leicht gebauten Flugapparat eine große Fähigkeit zuzutrauen. Warum sollen die von dem Motor getriebenen Schraubenflügel nicht die gleiche Wirkung ausüben können wie der Wind, der erwiesenermaßen Menschen 400 m weit und 900 m hoch getragen hat? Die Tätigkeit des Windes bei der Mühle oder bei dem Schiff ist ja auch von dem Motor in viel vollkommenerer Weise ersetzt worden; warum soll sie bei dem Flugapparat sich nicht durch den Motor ersetzen lassen?

Die „Schwerer als die Luft" und die „Leichter als die Luft" werden sich in die Aufgabe teilen, den Menschen zum Herrscher des Raumes zu machen.

---

*) F. Ferber, Les Progres de L'aviation. Paris 1905, Seite 18.

6. Kapitel.
Auf dem kürzesten Wege.

Der berühmte englische Geschichtsschreiber Macauly hat gesagt, daß von allen Erfindungen, Buchstabenschrift und Druckerpresse allein ausgenommen, diejenigen, welche eine Abkürzung der Entfernung herbeiführten, am meisten zu einer Förderung der Zivilisation beigetragen haben und noch beitragen. Kein Verkehrsmittel verkürzt die Entfernungen in dem Maße wie das Motorluftfahrzeug. Der Motor in der Luft verkürzt die Entfernung so vollständig, daß im allgemeinen jeder Ort auf dieser Erde mit jedem anderen Ort auf dieser Erde durch das Luftfahrzeug auf dem geradesten Wege verbunden sein wird. Von der kleinsten Stadt in Pommern wird man direkt nach der kleinsten Stadt im Innern von China fahren können.

Der Motor in der Luft wählt zu seiner Reise den idealen Weg — die Luftlinie. Die Geschichte der Kultur ist die Geschichte der Überwindung all der Hindernisse, die sich dem Fortkommen des Menschen entgegenstellen. Die Straßen, die Brücken, die Hafenanlagen, die Schiffe, die Eisenbahnen haben alle den Zweck, die Hindernisse der Bewegung aus dem Wege zu räumen. Unendliche Kapitalien sind in diesen Anlagen verkörpert. In den gesamten Eisenbahnen der Welt steckt ein Anlagekapital von 170 Milliarden Mark. Aber wie unvollkommen dienen die Eisenbahnen dem Zwecke des Verkehrs der Personen und der Post! Ein Hauptvorzug des Fahrrades und des Automobils besteht darin, daß sie den Menschen und die Post in etwas von dem Zwange der Spurbahn loslöst, aber auch das Fahrrad und das Automobil sind an die wohl vorbereitete Straße gebunden. Nur für einen Teil des Verkehrs der Personen, der Post und der leichten Waren bildet die Eisenbahn oder die im Auto befahrene Straße die kürzeste Entfernung. Ein großer Teil aller Reisenden und aller Postsachen muß Umweg über Umweg machen. Mit Recht hat man den Mont Cenis-Tunnel, den Gotthard-Tunnel und Simplon-Tunnel, die das Verkehrshindernis der Alpen teilweise aufheben, als Kulturwerke ersten Ranges gefeiert und sie zu den hervorragendsten Weltwundern der Neuzeit gerechnet.

7. Kapitel.
Mit der größten Geschwindigkeit.

Der gerade Weg muß ja nicht notwendig der schnellste sein. Wenn sich der Motor in der Luft nur sehr langsam fortbewegen könnte, so könnte man mit einem schnelleren Transportmittel zu Lande oder zu Wasser das Ziel vielleicht früher erreichen. Schon jetzt aber hat der Motor in der Luft eine beträchtliche Geschwindigkeit, die ihm bei Benutzung des Luftweges an Schnelligkeit den Sieg über jedes andere Transportmittel sichert. Das Motorluftschiff des Grafen Zeppelin hat bei seinen Probefahrten eine Geschwindigkeit von 14—15 m in der Sekunde, also von 50—54 km in der Stunde erreicht. Die „Patrie" soll eine Eigenbewegung von 45 km in der Stunde erreicht haben. Fährt das Motorluftschiff mit dem Winde, so erhöht sich die Geschwindigkeit um die Stärke des Windes. Beträgt die Eigenbewegung 45 km in der Stunde und die Stärke des Windes 24 km in der Stunde, so legt das mit dem Wind gehende Motorluftschiff 69 km in der Stunde zurück.

Von dem Motor in der Luft gilt heute das lakonische Bonmot, mit dem der berühmte Amerikaner Benjamin Franklin bei Gelegenheit der Unterzeichnung des Protokolls über die erste Luftballonfahrt am 21. November 1783 bei Paris die Frage nach dem Nutzen des Luftballons beantwortete: C'est l'enfant qui vient de naître." (Wir haben es mit einem neugeborenen Kinde zu tun.) In wie starkem Maße hat sich die Geschwindigkeit der Eisenbahn und des Automobils vermehrt! In ihrem Preisausschreiben für eine raschfahrende Lokomotive verlangten die Erbauer der Eisenbahn von Liverpool nach Manchester im Jahre 1829 eine Geschwindigkeit von 16 km in der Stunde. Die gegenwärtigen Schnellzüge zwischen Hamburg und Berlin, die 85 km in der Stunde zurücklegen, könnten bei einer Änderung der baulichen Anlagen 120—150 km in der Stunde laufen. Elektrische Vollbahnen können gegenwärtig nach dem Stande der Technik 150—200 km in der Stunde zurücklegen. Die Geschwindigkeit des Automobils hat sich in zehn Jahren verdoppelt, vielleicht verdreifacht. Da der Luftverkehr nicht auf den Unterbau oder die Straße Rücksicht zu nehmen hat, so wird man hier die technisch möglichen Geschwindigkeiten sofort in der Praxis erreichen können, während Eisenbahn und Automobil im Interesse der Sicherheit die Geschwindigkeit beschränken muß. Wer möchte bezweifeln, daß in wenig Jahren die Motorluftschiffe eine Eigenbewegung von 100—200 km in der Stunde haben?

Das erste Motorluftschiff des Franzosen Giffard im Jahre 1852 hatte eine Eigenbewegung von 2 m in der Sekunde, das Renards im Jahre 1885 von 6 m, und das des Grafen Zeppelin im Jahre 1906 von 14—15 m. So ist die Eigenbewegung, also die Geschwindigkeit bei unbewegter Luft, bei den ersten Versuchen der Motorluftschiffahrt beständig gestiegen. Als brauchbar für bescheidene Anforderungen kann man schon ein Motorluftschiff mit einer Eigenbewegung von 10 m pro Sekunde, also 36 km pro Stunde, bezeichnen. Ein Luftschiff von 10 m Eigenbewegung kann bei einem Winde von 9 m noch mit 1 m pro Sekunde gegen die Windrichtung seinen Ort im Vergleich zu der Erde verändern.

In der Richtung des Windes aber kommt es mit 19 m pro Sekunde im Vergleich zur Erde vorwärts. Bei einer Eigenbewegung von 10 m pro Sekunde oder 36 km pro Stunde ist das Motorluftschiff an etwa 200 Tagen im Jahre dem Winde in 500—1000 m Höhe noch überlegen. Verlangt man, daß das Motorluftschiff an den meisten Tagen des Jahres, einige Sturmtage ausgenommen, eine dem Winde überlegene Eigenbewegung besitzen soll, so muß diese 20 m pro Sekunde (72 km pro Stunde) betragen.*)

Aller Wahrscheinlichkeit nach wird auch diese Geschwindigkeit schon in Jahr und Tag erreicht sein. Solange sie nicht erreicht ist, wird man eben an Tagen mit einem überlegenen Wind nicht gegen den Wind anfahren, sondern das Motorluftschiff nur benutzen, um mit dem Winde noch schneller vorwärts zu kommen, als es mit dem motorlosen Kugelballon nötig wäre. Beim Landen wird das Anfahren gegen den Wind auch in diesem Falle erhebliche Dienste leisten.

*) Major Groß, Motorluftschiffe, in „Die Gasmotoren-Technik", Berlin 1904. Seite 2.

Wäre es denn ein Unglück, wenn die Post an den wenig stürmischen Tagen im Jahr nach der alten Methode mit der Eisenbahn befördert würde? Dem Publikum wird eine Luftfahrt gegen den Wind an stürmischen Tagen ebensowenig ein Vergnügen bereiten, als heute eine Automobilfahrt bei besonders schlechtem Wetter. Übrigens kann ein Luftschiff von geringerer Eigenbewegung als der des herrschenden Windes aus der Windrichtung seitwärts ausweichen, also auch Ziele erreichen, die nicht direkt in der Windrichtung liegen.

Die nicht von Gas getragene Flugmaschine scheint schon jetzt auf dem Wege zu sein, eine erheblich größere Geschwindigkeit zu erlangen, als das von Gas getragene Motorluftschiff. Nach ihren eigenen Angaben war die Höchstgeschwindigkeit der Flugmaschine der Gebr. Wright bei ihrem Flug am 5. Oktober 38 Meilen, also 57 km pro Stunde.*) Da die Flugmaschine viel kleiner ist, als das von Gas getragene Motorluftschiff, so hat sie auch einen viel geringeren Luftwiderstand zu überwinden. Da die 5 Flüge der Gebr. Wright mit ihrem Aëroplan im September und Oktober 1905, bei denen sie jedesmal 11—24$^1/_2$ englische Meilen zurücklegten, nicht öffentlich stattgefunden haben, so können wir mit ihnen noch nicht als mit Tatsachen rechnen.

Sollte es aber in der Tat so weit kommen, daß eine Flugmaschine ohne Unterbrechung 24$^1/_2$ englische Meilen oder 37 km zurücklegt, so wird die Schnelligkeit eines solchen Fluges sehr schnell zunehmen.

Vermittelst des Motorluftschiffes und der Flugmaschine wird man dereinst die Welt in viel kürzerer Zeit umfahren können als in der Gegenwart.

Zu den Schnelldampfern werden die Schiffe gerechnet, die in der Stunde mindestens 19 Seemeilen oder 35 km zurücklegen. „Kaiser Wilhelm II.", der im Frühjahr 1902 vom Stapel gelassene Schnelldampfer des Norddeutschen Lloyd, legte im Juli 1904 die Reise von Amerika nach Europa mit einer durchschnittlichen Geschwindigkeit von 23,5 Knoten oder von 43,7 km in der Stunde zurück. Schon in seinen Anfängen ist das Motorluftschiff an Geschwindigkeit den modernsten Schnelldampfern überlegen. In ein oder zwei Jahren wird das Motorluftschiff allgemein als das schnellere Transportmittel anerkannt sein.

---

*) Ballooning and Aeronautics, January 1907, Seite 11.

8. Kapitel.
Mit den geringsten Kosten.

Die Voraussetzung einer Fahrt mit dem Wagen oder Automobil ist die Straße, mit dem Eisenbahnzug die Eisenbahnlinie. Wer eine Verkehrslinie von Berlin nach Konstantinopel durch die Luft einrichtet, braucht keine Grundstücke zu kaufen und keine Schienen zu legen. Selbst wenn ein Motorluftschiff, das 200 Personen trägt, erheblich mehr kostete als ein Eisenbahnzug, der 200 Personen befördert, könnten die Preise der Luftfahrt sich billiger stellen, da die Verzinsung und Amortisation der Eisenbahnlinie im Fahrpreis nicht zu enthalten sein braucht. Der Dampfschiffverkehr bedarf guter Häfen. Ein unstarres und ein halbstarres Motorluftschiff kann an jeder Stelle landen. Die von den Gebr. Lebaudy hergestellte „Patrie", das Motorluftschiff des Comte de la Vaulx und das unstarre Motorluftschiff des bayerischen Majors von Parseval haben wiederholt Landungen auf freiem Felde vorgenommen. Der Comte de la Vaulx ist mit seinem nur 765 cbm fassenden Motorluftschiff sogar ohne jede fremde Hilfe gelandet. Will man die Reise fortsetzen und den Ballon nicht entleeren, so sind allerdings für das unstarre und halbstarre System große Hallen erforderlich, die ungefähr die gleichen Unkosten verursachen als das Motorluftschiff selbst. Das riesenhafte, starre Aluminiumluftschiff des Grafen von Zeppelin, das eine Länge von 128 m und einen Durchmesser von 12 m hat, braucht allerdings Bergungshallen von besonderer Größe.

Da es vor der Hand nur auf dem Wasser landen kann, so sind dort besondere Landungs- und Bergungsvorkehrungen erforderlich. Man wird also für diese starren Riesenschiffe wahrscheinlich richtige Luftschiffhäfen, wie schon auf dem Bodensee, so auch auf dem Wannsee bei Berlin und auf andern deutschen Seen oder etwa zu Wilhelmshafen in der Nordsee einrichten.

Bei einem regelmäßigen Verkehr werden aber Anlagen dieser Art im Fahrpreise ebensowenig oder noch weniger in die Erscheinung treten, als die Anlage von Seehäfen bei dem Dampferverkehr.

Die Herstellungskosten der gegenwärtig vorhandenen Motorluftschiffe halten sich in sehr bescheidenen Grenzen im Vergleich zu den Kosten der Schnelldampfer. Während ein Schnelldampfer 10—25 Millionen Mark kostet, belaufen sich die Herstellungskosten des Aluminiumluftschiffes des Grafen Zeppelin bei 11000 cbm Gasinhalt auf weniger als 500 000 Mark, der halbstarren „Patrie" auf 300 000 Franks, des unstarren Parsevalschen Motorluftschiffes von 3000 cbm Gasinhalt auf etwa 200 000 Mark. Das kleine Motorluftschiff des Comte de la Vaulx von nur 765 cbm Gasinhalt ist wahrscheinlich für 100 000 Franks herzustellen. Auch das ganz kleine Motorluftschiff, mit dem Santos Dumont im Jahre 1903 soviel Aufsehen erregte, die sogenannte Luftballadeuse von nur 261 cbm Gasinhalt dürfte nicht viel billiger zu stehen kommen, da gegenwärtig der Motor noch sehr teuer ist. Sobald aber die Fabrikation der Motore für die Luftschiffahrt im großen betrieben wird, dürfte der Preis für einen Motor allmählich von 30 000 Mark auf 10 000 oder gar 5000 Mark herabsinken.

Wie die Ozeandampfer, so werden auch die Motorluftschiffe des starren, des halbstarren und des unstarren Systemes im Laufe der Zeit größere Dimensionen gewinnen. Nach der Ansicht des Grafen Zeppelin kann schon jetzt das Aluminiumluftschiff mit einem Gasinhalt von 30 000 cbm gebaut werden. Auch Santos Dumont hat erklärt, als man ihn über mein Buch „Berlin-Bagdad" fragte, daß Motorluftschiffe von 30 000 cbm gegen einen entsprechenden Preis von jedem Konstrukteur geliefert werden könnten. Selbst das ganz unstarre System des Majors von Parseval verträgt vielleicht eine Vergrößerung bis 10 000 cbm. Je mehr Personen die vergrößerten Motorluftschiffe befördern können, um so billiger wird der Fahrpreis. Das Zeppelinsche Aluminiumluftschiff würde bei einem Gasinhalt von 30 000 cbm 200 Personen durch die Luft tragen können, während es bei 10 000 cbm Gasinhalt nur 30 Personen tragen kann. Die „Patrie" von 3150 cbm Gasinhalt kann gegenwärtig bequem sechs Personen tragen. Da das Motorluftschiff den kürzesten Weg mit der größten Schnelligkeit zurücklegen kann, so wird es alle größeren Fahrten schneller als das Dampfschiff oder die Eisenbahn bewerkstelligen können. Sobald das Motorluftschiff in vier Tagen die Reise nach Amerika über den Ozean ausgeführt hat, während der durchschnittliche Ozeandampfer acht Tage zu der gleichen Leistung braucht, kann das Motorluftschiff in der gleichen Zeit die Fahrt zweimal zurücklegen. Bei dem üblichen Westwind, wie er an den meisten Tagen des Jahres weht, würde das Zeppelinsche Motorluftschiff die 1000 km von London bis Berlin bei seiner gegenwärtigen Eigenbewegung von 54 km und bei einer Windgeschwindigkeit von 36 km mit einer Schnelligkeit von 90 km in der Stunde, also in rund 11 Stunden zurücklegen. Da gegenwärtig die Fahrt mit Eisenbahn und Dampfbahn rund 24 Stunden dauert, so würde die Ersparung an Zeit verbilligend auf den Fahrpreis wirken. Bei Reisen nach Gegenden mit mangelhafter Eisenbahn- und Dampferverbindung wird die Ersparung an Zeit und Kosten noch viel mehr ins Gewicht fallen. Bei einer Reise nach Ägypten oder Palästina würde heute das starre Aluminiumluftschiff des Grafen Zeppelin dreiviertel an Zeit ersparen.

Bei den verhältnismäßig geringen Kosten eines Motorluftschiffes und bei der Schnelligkeit der Fahrt ist die im Fahrpreis enthaltene Amortisation gering. Der Hauptteil der Kosten einer Fahrt dürfte im Verbrauch des Benzins und Gases bestehen. Die Fahrten mit dem motorlosen Kugelballon sind gegenwärtig durch den vollständigen Verbrauch des Gases bei jeder Fahrt unverhältnismäßig teuer. Zum Zwecke des Rücktransportes muß der Ballon entleert werden. Häufig wird beim Landen das Ziehen der Reißleine nötig. Ganz anders verhält es sich bei den Fahrten des Motorluftschiffes! Das Motorluftschiff des Comte de la Vaulx, mit dem er im Januar und im Februar 1907 14 Luftfahrten unternahm, blieb durch 52 Tage in gefülltem Zustande. Da das Ventil nur selten geöffnet wurde, machten sich nur geringe Nachfüllungen nötig. Das Motorluftschiff kann eben nach der Fahrt in seinen Schuppen (hangar) zurückkehren. Bei größeren Fahrten von Verkehrsluftschiffen, etwa von London nach Berlin, würde an beiden Endpunkten eine solche große Bergungshalle zur Aufnahme des gefüllten Motorluftschiffes vorhanden sein. Ein unbedingtes Erfordernis ist eine solche Aufnahmehalle für das Aluminiumluftschiff nicht. Landet es an einem Ort, wo eine solche Riesenhalle für den Luftverkehr noch nicht errichtet ist, so muß es eben zum Schutz gegen Wind und Wetter, besonders während der Nacht, wieder in die Höhe steigen. Will es Benzin sparen, so vertraut es sich unter Abstellung des Motors den Luftströmungen an. Der sicherste Hafen ist für ein solches Riesenschiff das Reich der Lüfte.

Es liegt auf der Hand, daß in Ländern ohne Eisenbahnen der Verkehr von Personen, Postsachen und leichten Waren durch das Motorluftschiff am billigsten bewerkstelligt wird. In Marokko, über die Wüste Sahara weg, in Kleinasien, Persien und China wird das Motorluftschiff wegen der geringen Kosten der Fahrt bei großen Entfernungen sehr schnell Eingang finden.

Ein erheblich geringeres Anlagekapital als das Motorluftschiff stellt die Flugmaschine, die schwerer als die Luft ist, dar. Santos Dumont sagte bei dem schon erwähnten Interview auswärtiger Journalisten über mein Buch „Berlin-Bagdad": „Es kann keinem Zweifel unterliegen, daß der Aëroplan bald die Verbreitung des Automobils haben wird. Das mag in zwei Jahren sein oder in fünf, aber die Zeit ist nicht fern, da jedermann seinen eigenen Aëroplan besitzen wird. Die Kosten werden dabei ganz unbeträchtlich sein. Sehen Sie beispielsweise meinen Aëroplan an. Aus was besteht er denn, als aus ein paar Holzstückchen, etwas Draht und einem Motor? Das Ganze kann mit ein paar tausend Franks geliefert werden, billiger als ein gutes Automobil."

Der wesentliche Teil der Flugmaschine dürfte immer der Motor sein. Es gibt gegenwärtig schon Antoinette-Motore, bei denen die Pferdekraft nur $1^1/_2$ kg wiegt. Eine noch weitere Herabsetzung des Gewichts des Motors soll in Aussicht sein. Werden solche leichten und kleinen Motore in großen Mengen für Flugmaschinen hergestellt, so dürfte in der Tat der einzelne Motor nur ein paar tausend Franks kosten. Die kleine Flugmaschine bedarf keiner großen Bergungshalle. Der Benzinverbrauch bei einer Fahrt von 20 oder 37 km, wie sie angeblich die Gebr. Wright wiederholt gemacht haben wollen, bereitet keine großen Kosten. Voraussichtlich wird allerdings auf einer Flugmaschine nur eine Person fahren können.

Der neue Drachenflieger von Santos Dumont vor dem Versuch.

9. Kapitel.

Mit der größten Sicherheit.

Die Gefahr, die eine Wagenfahrt oder eine Automobilfahrt mit sich bringt, besteht zu einem wesentlichen Teil in der Enge der Straße und in der Unmöglichkeit, sie schnell vor einem Zusammenstoß zu verlassen. Der Schnellzug ist in beständiger Gefahr zu entgleisen. Vor jedem Zug müssen die langen Strecken von dem Bahnwärter abgesucht werden, um ein etwaiges Hindernis rechtzeitig von dem Geleise zu entfernen. Der Ozeandampfer hat die Untiefen und Klippen ebenso zu fürchten als den Zusammenstoß mit einem andern Schiffe. Die Unglücksfälle auf der See, auf der Eisenbahn und auf der vom Automobil oder dem elektrischen Straßenbahnwagen befahrenen Straße sind so zahlreich, daß viele Menschen nahezu täglich einen Teil ihrer Zeit auf die Lektüre von Katastrophen dieser Art in den Tageszeitungen verwenden.

Das Motorluftfahrzeug kann nicht entgleisen oder von der Straße in den Graben geraten. In der Luft gibt es keine Hunde, keine spielenden Kinder, keine Lastwagen, welche die schmale Fahrstraße versperren. Im Luftfahrzeug kann man ausweichen nicht nur nach links und rechts, sondern auch nach oben oder unten, fast bis in die Unendlichkeit. Im Luftschiff fürchtet man nicht die Klippen der Küste und die Stürme des Meeres. Stellt das Motorluftschiff den Motor ab, so spürt es auch von dem größten Sturme nichts, denn es eilt genau mit der Geschwindigkeit des Windes über die Erdoberfläche hinweg.

Für ein Motorluftschiff wie die „Patrie" gibt es in der Luft keine Gefahren, wenn es die Gefahr nicht selbst aufsucht durch eine über den Aktionsradius hinausgehende Reise über den Ozean. Erst wenn die Luftfahrzeuge aller Art an Zahl sehr zugenommen haben werden, wird auch für den Luftverkehr die Gefahr des

Zusammenstoßes vorhanden sein. Es liegt aber auf der Hand, daß die Gefahr immer geringer ist als für die Dampfer auf der See, die sich auf derselben Fläche bewegen müssen. Man wird die Gefahr mindern, indem man luftpolizeilich die Luft in Etagen einteilt. Da man ohne künstlichen Sauerstoff bis 6000 m hoch fahren kann, ist die Möglichkeit einer solchen Etageneinteilung eine außerordentlich große. Die unteren Regionen bis etwa 600 m hoch werden wahrscheinlich für den Nahverkehr reserviert werden. Vielleicht werden die ersten hundert Meter dem Flugmaschinenverkehr vorbehalten, in der Weise, daß die näheren Entfernungen in der Höhe von 5 oder 10 m und die weiteren darüber hinaus zurückgelegt werden. Motorluftschiffe, die nur 20 km weit fahren müssen, müssen sich vielleicht in der Etage von 100—300 m halten. Die Etage von 300—400 m ist den Fahrten von 20—50 km zuzuweisen.

Der Fernverkehr der schnellsten Motorluftschiffe, die 1000 und mehr Kilometer zurücklegen sollen, wird voraussichtlich auf die Höhenlage über 2000 und der allerschnellste Verkehr, etwa von Berlin bis Peking, auf die Höhenanlage über 2500 m verwiesen. Die Verständigung und Fühlungnahme der Luftfahrzeuge untereinander wird durch drahtlose Telegraphie und Telephonie erfolgen, wie ich dies in meinem Buch „Berlin=Bagdad" eingehend dargelegt habe. Das Motorluftschiff des Grafen Zeppelin hat schon jetzt eine Station für drahtlose Telegraphie. Als Aufhängedraht der elektromagnetischen Wellen dient ein einfach herabhängender Bronzedraht, der in der Mitte des 128 m langen Luftschiffes angebracht wird. Die Entfernungen, bis zu welcher drahtlose Depeschen empfangen werden können, hängt lediglich von der an der Sendestelle aufgewendeten Energie ab. Als Kraftquelle zur Lieferung des nötigen Stromes dürfte die Sendeanlage des Zeppelinschen Luftschiffes von den zusammen 150 PS. der beiden Motore nur etwa 4 PS. beanspruchen. Damit wird man etwa 200 km telegraphieren können.

Die Gefahr einer Explosion und Feuersbrunst auf dem Motorluftschiff ist außerordentlich gering. Sie ist auf dem Ozeandampfer ohne Zweifel viel größer. Ein Platzen der Gashülle ereignet sich bekanntlich fast nie. Bei dem Aluminiumluftschiff des Grafen Zeppelin befinden sich übrigens in der Aluminiumhülle nicht weniger als 16 verschiedene Ballons in besonderen Schottern.

Da außerdem zwei durch eine lange Laufbrücke verbundene Gondeln vorhanden sind, ist die Möglichkeit geboten, sich aus einer Gondel in die andere zu begeben. Weniger bei einem Zusammenstoß von Luftschiffen als bei einer Beschießung im Kriegsfall kann diese Möglichkeit von Wert sein.

Wie unsicher noch die Dampfschiffahrt ist, beweist der Untergang des englischen Dampfschiffes „Berlin" im Februar 1907 auf der Reise von England nach Holland bei Hook van Holland. Die „Berlin" ist einem orkanartigen Westwinde zum Opfer gefallen. Regelmäßig geht in der Nordsee der Wind von England nach der deutschen Küste zu. Im Luftschiff wären die Reisenden der „Berlin" also mit verstärkter Schnelligkeit, ohne etwas von dem Sturme zu merken, direkt von London nach Berlin gefahren. In 20 Jahren wird jeder vorsichtige Mensch bei stürmischem Wetter von England nach Deutschland nicht anders als mit dem Luftschiff fahren.

Aber nur der von Gas getragene Motor in der Luft hat diese Vorzüge der Sicherheit des Reisens. Der Motor auf der Flugmaschine, die schwerer als die Luft ist, wird wohl noch auf lange Zeit hinaus in besonderem Maße als ein gefährliches Transportmittel zu bezeichnen sein. Die Aufrechterhaltung der Stabilität der Flugmaschine wird immer eine besondere Schwierigkeit sein. Selbst das von Gas getragene Motorluftschiff hat eine sogenannte kritische Geschwindigkeit, bei welcher die Gefährdung der Stabilität eintritt. Bereits bei einer Eigenbewegung von 8—11 m pro Sekunde zeigte sich bei den bisherigen Motorluftschiffen die Gefahr des Aufkippens. Durch Anbringung besonderer Stabilisierungsorgane ist es aber gelungen, die kritische Geschwindigkeit zu vergrößern.*) Eine nicht von Gas getragene Flugmaschine dürfte der Gefahr einer Störung des Gleichgewichts in viel höherem Maße ausgesetzt sein. Bei zunehmender Geschwindigkeit der Flugmaschine dürfte sich diese Gefahr vermehren.

Stockt der Motor einer Flugmaschine, so geht sie nieder und nur durch die ausgebreiteten Flügel kann der Absturz mehr oder weniger aufgehoben und gemildert werden. Es ist zu fürchten, daß die Vervollkommnung der Flugmaschine noch viele Opfer fordern wird.

---

*) Major Groß, Die Entwickelung der Motorluftschiffahrt im 20. Jahrhundert, Berlin 1906. Seite 11.

10. Kapitel.
Die Annehmlichkeit des Reisens.

Die Luft ist oben reiner und gesünder. Der freie Blick aus der Höhe über die Erdoberfläche oder über die unter dem Luftschiff eilenden Wolkenmassen gehört zu den schönsten Genüssen, die es in der Welt gibt. Eine Luftreise in einer Höhe von 2000 bis 5000 m ist ein viel größeres Vergnügen, als die Besteigung der höchsten Berge der Alpen. Der Blick aus dem Luftschiff auf die Alpen muß nach Ballonfahrern, wie Spelterini, Usuelli und Crespi, zu den schönsten Naturgenüssen gehören, die den Menschen geboten werden.

Während nun aber bei den gegenwärtig so beliebten Luftfahrten im Kugelballon das Vergnügen dadurch beeinträchtigt wird, daß die Richtung und Schnelligkeit der Fahrt fast vollkommen von der Laune des Windes abhängt, haben die Reisenden des Motorluftschiffes die Möglichkeit, sich dahinzubegeben oder dort aufzuhalten, wo es ihnen am meisten zusagt. Durch die Motorluftschiffahrt wird den Menschen ein neues, fast unbegrenztes Gebiet des Genießens und der Erholung erschlossen.

Schon gegenwärtig gilt der Sport des Ballonfahrens für den schönsten und vornehmsten. In weit höherem Maße wird der Motor in der Luft diesen Sport angenehm gestalten. Sowohl das Fahren mit dem Motorluftschiff, als ein Ritt auf der Flugmaschine wird als Sport getrieben werden. Jedes der beiden Luftfahrzeuge wird seine besonderen Annehmlichkeiten bieten. Da aber die Flugmaschine in den ersten Jahren sich wahrscheinlich nur in niedriger Höhe bewegen kann, so wird das Motorluftschiff zu höheren Fahrten benutzt werden müssen.

Gemindert wird das Vergnügen der Motorluftschiffahrt zurzeit durch die Umdrehung der Flügel und das Vibriren des Explosionsmotors. Das Riesenluftschiff des Grafen Zeppelin hat aber schon zwei etwa 80 m voneinander getrennt liegende Gondeln. Man kann also bei größeren Schiffen eine besondere Gondel für den Motor und Propeller anbringen, so daß die Fahrgäste von der Vibration nichts zu spüren bekommen.

Schon das Fliegen mit dem Lilienthalschen Gleitfliegern wurde als ein außerordentlich angenehmes Gefühl geschildert.*) Die Leitung einer Flugmaschine, unabhängig von Weg und Steg, muß in der Tat ein unbeschreibliches Vergnügen gewähren. Aber gerade die Flugmaschine dürfte durch die Stöße des Explosionsmotors in beständiger unangenehmer Erschütterung erhalten bleiben.

Das reine, von der Vibration unbeirrte Vergnügen, wird man auf der Flugmaschine wie auf dem Motorluftschiff wohl erst dann haben, wenn der leichte elektrische Motor erfunden ist, an dem Edison schon so lange arbeitet.

---

*) Dr. Ing. Launhardt, „Am sausenden Webstuhl der Zeit," Seite 38.

11. Kapitel.
Schwere Lasten für den Luftverkehr ungeeignet.

Der Motor in der Luft verleiht dem Menschen die Eigenschaft der Allgegenwart. Der Mensch kann auf dem Motorluftfahrzeuge jeden Punkt der Erdoberfläche erreichen. Es liegt auf der Hand, daß der Mensch nur ein eng begrenztes Gewicht von Waren auf dem Motorluftfahrzeug bei sich führen kann. Postsachen und leichte Waren werden in den nächsten Jahren und Jahrzehnten schon in großer Menge auf dem Luftwege befördert werden. Die schweren Waren, insonderheit die Rohstoffe, wie Erze, Kohle, Holz, Getreide werden immer auf der Erdoberfläche befördert werden.

Für den Fortschritt der Zivilisation ist aber das Entscheidende, daß der Mensch überall hingelangen kann. Kommt der europäische Unternehmer und Arbeiter mit dem Motorluftschiff in das Innere von China, nach Persien oder Innerafrika, so wird er dort zur Hebung der Kultur und Zivilisation bald so viel beitragen, daß der Ausbau der Eisenbahn in diesen entlegenen Gegenden ein dringendes Bedürfnis wird. Der Motor in der Luft wird insonderheit ein Pionier sein für die Ausbreitung des Eisenbahnwesens. Mit dem Aufkommen der Eisenbahn sind in allen Ländern die Landstraßen zahlreicher und besser geworden. Diejenigen Teile Rußlands, die am wenigsten von der Eisenbahn berührt sind, haben noch jetzt die schlechtesten Landstraßen.

Bei einem Gasinhalt von 30 000 cbm kann das Aluminiumluftschiff des Grafen Zeppelin 200 Personen à 75 kg oder 15 Tonnen à 1000 kg durch die Luft führen. Zur Not können also auch schwere Gewichtsmassen durch die Luft befördert werden. Man kann also auch schwere Maschinen oder Apparate sehr wohl durch die Luft nach Innerafrika oder sonst an entlegene oder schwer zugänglichen Stellen, etwa im Gebirge, befördern. Insonderheit wird man das Motorluftschiff dazu verwenden, die notwendigen Apparate zur Einrichtung von Stationen für drahtlose Telegraphie und Telephonie nach unzivilisierten Ländern und auf schwer zugängliche Gebirge zu befördern. Motore, wie sie für die Sendeanlage der drahtlosen Telegraphie erforderlich sind, wiegen selbst für weitesten Entfernungen kaum so viel, als die Motore der gegenwärtigen Motorluftschiffe, von 30—100 PS.

Das gegenwärtige Motorluftschiff des Grafen Zeppelin von 11000 cbm Gasinhalt trägt bereits 30 Personen oder ein Gewicht von $2^{1}/_{4}$ Tonnen. Man kann also mit diesem Luftschiff schon sehr ansehnliche Lasten an schwer zugängliche Orte führen. Ein Luftschiff dieser Art könnte für den Handelsverkehr in der Wüste Sahara oder in Persien schon von der größten Bedeutung werden. Eine Sendung von 2250 kg an Waffen, Messern und sonstigen Waren der Klein-Eisenindustrie oder von besseren Geweben und Kleidern und ähnlichen leichten Waren könnte den Bedarf nach der größten Oase in der Wüste auf Monate decken. Ist ein Luftschiffverkehr dieser Art einmal im Gange, macht das Motorluftschiff mit derselben Gasfüllung, die nur geringer Ergänzung bedarf, innerhalb mehrerer Monate einige dieser Fahrten, so bestehen die Unkosten nur in dem Verbrauch des Benzins. Ein Handelsverkehr durch das Motorluftschiff dürfte sich also in diesen wenig zivilisierten Gegenden sehr bald einbürgern.

12. Kapitel.

Im Kriege.

Die vollständige Beherrschung des Raumes, die dem Motor in der Luft zusteht, muß von besonderer Bedeutung werden in der wichtigsten Stunde des Völkerlebens, im Kriege. Ein tragfähiges Fahrzeug, mit dem jeder Punkt auf dem Lande, auf dem Wasser und in der Luft, auf dem kürzesten Wege und mit der größten Geschwindigkeit erreicht werden kann, ist das ideale Fahrzeug für die Kriegführung. Der Motor in der Luft ist der Wagen des Mars, des Kriegsgottes!

Als der Luftballon im Jahre 1783 aufkam, setzten die Franzosen große Hoffnungen auf seine Verwendung im Kriege in der Erwartung, daß die Lenkbarkeit sofort erfunden werde. Bereits im Jahre 1783 hatte der französische General Meussnier das Projekt eines lenkbaren Luftschiffes entworfen.*) Die französische Republik begründete im Jahre 1794 die erste Luftschiffer-Compagnie. In der Schlacht bei Fleurus am 26. Juni 1794 stieg der erste Fesselballon in die Luft, indem der französische Divisionsgeneral Mourrain Platz nahm. Bei der Belagerung von Paris im Jahre 1870 sind 65 Ballons mit 164 Personen aus der Stadt herausgeflogen, aber es gelang nicht, auf dem Luftwege eine einzige Person in die Stadt hineinzubringen. Das Fehlen der Lenkbarkeit machte sich fühlbar.

In den letzten Jahrzehnten haben fast alle Kriegsmächte Luftschifferabteilungen eingerichtet. Aber der Fesselballon und der Freiballon haben bei ihrer Unvollkommenheit in den letzten Kriegen nur eine untergeordnete Rolle spielen können. Erst mit dem Aufkommen des Motors in der Luft beginnt die Luftschiffahrt

---

*) H. W. L. Moedebeck, „Die Luftschiffahrt", Straßburg, 1906. S. 10. Derselbe „Taschenbuch für Flugtechniker und Luftschiffer", Berlin 1904, 2. Auflage, Seite 344.

eine große Bedeutung für die Kriegführung zu gewinnen. Das Aufkommen der Motorluftschiffahrt ist durch das militärische Interesse der Staaten vorbereitet und gefördert worden. Besonders in Frankreich, Deutschland und England sind die militärischen Luftschifferabteilungen der Hauptsitz der aëronautischen Kenntnisse und Fähigkeiten. Zu dem deutschen Luftschifferbataillon sind im Laufe der Jahre vielleicht mehr als 100 Offiziere anderer Truppengattungen zu einer vorübergehenden Dienstleistung kommandiert gewesen. Sowohl die französische als die amerikanische Heeresverwaltung haben erhebliche Summen für Versuche mit Motorluftschiffen und Flugmaschinen seit Jahren ausgegeben.

Dem Luftkrieg hat bereits die erste Haager Friedenskonferenz im Jahre 1899 ihre Aufmerksamkeit zugewandt, indem sie für die Dauer von fünf Jahren das Werfen von Geschossen oder Explosivstoffen aus Luftballons oder durch analoge Mittel untersagte. Diese Frist ist abgelaufen. Es erscheint ausgeschlossen, daß sich die Großmächte jemals wieder auf einen solchen Beschluß einigen, nachdem die Motorluftschiffahrt ihren Einzug begonnen hat. Allerdings ist nicht daran zu zweifeln, daß sich die Friedenskonferenzen noch oft mit dem Motor in der Luft befassen werden. Denn die Motorluftschiffahrt bedeutet eine völlige Umwälzung der Kriegführung.

Die Aufgabe, in eine belagerte Festung hineinzugelangen, hat zur Erfindung des ersten Luftballons und zur Förderung des Motorluftschiffes geführt. Joseph Montgolfier (geb. 1740, gest. 1811) war durch die Belagerung Gibraltars angeregt worden, darüber nachzudenken, wie man wohl in die Festung hineinkommen könnte und erfand so im Jahre 1783 die mit Rauch gefüllten Ballons. Die Belagerung von Paris veranlaßte die französische Regierung, den Marineingenieur Dupuy de Lome 40 000 Franks mit dem Auftrag zu überweisen, ein lenkbares Luftschiff zu bauen. Die Subvention von 200 000 Franks, die sie später auf Veranlassung von Gambetta dem französischen Hauptmann Charles Renard zu dem gleichen Zwecke zukommen ließ, führte zur Herstellung des vollkommen lenkbaren Motorluftschiffes, der „La France", im Jahre 1884. Nachdem nun aber das von den belagerten Festungen ersehnte Motorluftschiff entstanden ist, werden

---

*) Moedebeck, „Die Luftschiffahrt", Straßburg 1906, Seite 22.

wahrscheinlich die Festungen selbst verschwinden. Das Schicksal der Einwohner befestigter Städte ist in künftigen Kriegen jedenfalls sehr beklagenswert. Denn sie sind jeden Augenblick in Gefahr, unmittelbar von der Höhe mit Explosivstoffen beworfen zu werden. Eine große Stadt kann der Torpedo schleudernde Luftschiffer auch aus einer Höhe von 2000 oder 3000 m nicht verfehlen. Es wäre eine verdienstliche Aufgabe für die Friedenskonferenzen, dahin zu wirken, daß endlich die Befestigung ganzer Städte außer Mode kommt, und so die nicht am Kriege beteiligte Bevölkerung vor den Schrecknissen eines Bombardements geschützt wird.

Wie ich schon in meinem Buche „Berlin-Bagdad" ausgeführt habe, werden in Zukunft Hochgebirge, wie die Alpen, als die wichtigsten strategischen Punkte durch schwere Artillerie und Luftschifferkorps befestigt werden. Die wichtigste Festung zum Schutze des Deutschen Reiches wäre im Süden der Besitz der Alpen, sowie Luftschifferstationen auf Borkum, Norderney und Helgoland. Statt Städte zu befestigen, wird man in Zukunft hohe Berge und Inseln mit Luftschifferstationen und schwerer Artillerie ausstatten. Der Besitz einer Insel wie Helgoland im Meere gewinnt im Zeitalter der Motorluftschiffahrt außerordentlich an Bedeutung. Die deutsche Luftschifferstation auf Helgoland ist der beste Schutz für die deutschen Kriegsschiffe und die größte Gefahr für die feindlichen Kriegsschiffe im Kriegsfalle.

Luftschifferstationen auf den Hawaischen Inseln und längs der Kalifornischen Küste werden die Vereinigten Staaten besser vor einem Angriff der Japaner schützen als die amerikanische Kriegsflotte. Ein Seeangriff auf die Küsten der Vereinigten Staaten von Nordamerika wird in Zukunft in Rücksicht auf die amerikanischen Luftflotten noch schwieriger sein als bisher. Einem wirksamen Angriff durch die Luft aber steht die Größe des Stillen und Atlantischen Ozeans entgegen. Die Sicherheit der Vereinigten Staaten vor einem Angriff erhöht sich also.

Ganz anders steht es um die strategische Sicherheit des Deutschen Reiches. Das Deutsche Reich war bisher eigentlich nur durch einen französischen, russischen, englischen Angriff bedroht. In Zukunft könnten sich diesen drei Mächten in vielleicht wirksamer Weise sehr wohl, etwa wegen Marokko, Spanien und Italien anschließen, obgleich sie gar nicht an Deutschland grenzen. Ein

Krieg zwischen weit auseinanderliegenden Staaten, etwa zwischen der Schweiz und Marokko, ist in 10 Jahren durchaus keine Unmöglichkeit. Staaten, die gegenwärtig weder durch ihre Landmacht noch durch ihre Seemacht hervorragen, werden unter gewissen Umständen als Luftmacht sehr beachtenswerte Gegner sein. Wahrscheinlich wird es lange dauern, bis Deutschland in der Luft dieselbe Überlegenheit gegenüber Italien oder Spanien aufzuweisen hat, wie heute zur See oder gar zu Lande. Auch ganz kleine Staaten, wie Holland, Belgien oder die Schweiz, werden in den ersten Jahren der Luftschiffahrt durch den Besitz von 3 oder 5 Schlachtluftschiffen nur wenig hinter den Großmächten zurückstehen. Mit einer Koalition zahlreicher Staaten im Luftkriege wird Deutschland zu rechnen haben.

Aber Frankreich, Rußland oder England befinden sich in der gleichen Lage. Keine europäische Großmacht ist durch ihre Lage vor einem Luftangriff so gesichert, wie etwa die Vereinigten Staaten von Nordamerika. Ein Krieg zwischen England und Frankreich oder England und Deutschland wird im Zeitalter der Motorluftschiffahrt einen wesentlich anderen Charakter tragen als sonst. Die beiden großen Veränderungen bestehen darin, daß eine Landung in England vom Kontinent aus durch die Luft und zu Wasser künftig nicht mehr unmöglich ist, und daß die britische Schlachtflotte auf dem Meere die absolute Überlegenheit verloren hat, da sie zugleich aus der Luft bedroht werden kann.

Die Kriege der Zukunft werden reich an Überraschungen sein. Ein Angriff durch die Luft gegen die Hauptstadt oder sonst eine wichtige Position des feindlichen Landes vollzieht sich auf dem kürzesten Wege und mit der größten Geschwindigkeit. Der Angreifer ist nicht an Straßen oder Eisenbahnlinien gebunden. Man weiß nicht, wo man ihm entgegentreten soll. Bisher mußte der Angriff zu Lande oder zu Wasser auf dieser Erdoberfläche erfolgen. Künftig können die feindlichen Luftflotten ebensowohl in einer Höhe von 100 Meter als in einer Höhe von 5000 Meter die Grenzen überschreiten. Ist der Angreifer mit Sauerstoffapparaten versehen, so entrinnt er vielleicht nach vollbrachter Tat in einer Höhe von 6000 oder 8000 Metern. Da er durch den Verbrauch seines Benzinvorrates und durch das Abschießen seiner Torpedos sich von Ballast befreit hat, wird ihm der Aufstieg in sehr hohe

Höhen umso leichter werden. Ein Angriff während der Nacht oder bei bewölktem Himmel wird kaum zu bemerken sein.

Um in wenig Stunden einen vernichtenden Stoß gegen das Herz des Gegners ausführen zu können, wird man die Abgabe einer Kriegserklärung künftighin unterlassen. Denn sobald die Kriegserklärung von einer Seite abgegeben ist, wird auch der Gegner die Aggressive ergreifen. Die Seele des Luftkrieges kann niemals die Definisive sein. Der Motor in der Luft wird seine Herrschaft in dem Raume durch die schnellste Fahrt auf dem kürzesten Wege nach den wichtigsten Positionen des Feindes geltend machen.

13. Kapitel.

Der Landkrieg.

Der Motor in der Luft wird den Landkrieg vollkommen umgestalten. Es ist sehr unwahrscheinlich, daß noch einmal zwischen zivilisierten Mächten ein Krieg stattfindet, in dem der Motor in der Luft nicht eingreift. Frankreich besitzt bereits zwei Schlachtluftschiffe, den „Lebaudy" vom Jahre 1905 und die „Patrie" vom Jahre 1906. Wenn der „Lebaudy" vom Jahre 1905 zunächst auch nur als Schulschiff Verwendung gefunden hat, so würde er im Falle eines Krieges doch auch als Schlachtluftschiff benutzt werden. Diese beiden Motorluftschiffe sind von den Zuckerfabrikanten Gebr. Lebaudy hergestellt worden. Der Konstrukteur ist der bei diesen Herren angestellte Ingenieur Julliot. Die französische Regierung hat bei den Gebr. Lebaudy bereits zwei weitere Schlachtluftschiffe in Bestellung gegeben, die „Republique" und die „Demokratie", von denen die erstere noch im Jahre 1907 in Dienst gestellt werden soll. Jedes der neuen Motorluftschiffe wird auf Grund der inzwischen gesammelten Erfahrungen Verbesserungen aufzuweisen haben. Sobald sich die französische Regierung über den brauchbarsten Typ im klaren ist, dürfte sie hundert und mehr Schlachtluftschiffe in Bestellung geben. Frankreich ist der erste Staat, der über eine Schlachtluftflotte verfügt.

Es unterliegt aber keinem Zweifel, daß Deutschland nicht zurückbleiben wird. Seit Ende 1906 ist das preußische Luftschifferbataillon unter Leitung des Majors Groß mit der Konstruktion eines eigenen Schlachtluftschiffes beschäftigt. Im März und April 1907 stieg wiederholt ein kleines Motorluftschiff mit zwei Mann Besatzung, an Tauen gehalten, beim Luftschifferbataillon zu Tegel auf. Es ist das Modell des im Bau begriffenen großen Kriegsluftschiffes, das einen Gasinhalt von 4500 bis 6000 Raummeter aufweisen wird. Dieses erste deutsche Kriegs-

Luftschiff wird am meisten dem halbstarren System der Gebr. Lebaudy ähneln. Die einzige, ungeteilte Gashülle aus Baumwollstoff ist auf Metallrohre festgeschnürt. Es wäre zu wünschen, daß die deutsche Militärverwaltung sich beizeiten zugleich das starre Aluminiumluftschiff des Grafen Zeppelin und das unstarre, lose Motorluftschiff des Majors von Parseval sichert. Bei der Vielseitigkeit der Aufgaben im Kriege, zu Lande und zu Wasser, wäre die rechtzeitige Fortbildung aller Systeme für den militärischen Gebrauch erwünscht. Man darf hoffen, daß die deutsche Heeresverwaltung bestrebt sein wird, den nicht unbedeutenden Vorsprung Frankreichs einzuholen.

In einem künftigen Kriege zwischen Deutschland und Frankreich werden die Schlachtluftschiffe ohne Zweifel schon eine erhebliche Rolle spielen. Bezeichnend ist, daß die französische Heeresverwaltung die „Patrie" in Verdun stationiert hat, und daß auch die neuen Schlachtluftschiffe längs der deutschen Grenze in Toul, Epinal, Belfort, ihren Standort finden werden. Es ist von hoher Wichtigkeit für eine kriegführende Armee, daß die Besatzung der Schlachtluftschiffe genau mit dem Gelände vertraut ist. Sind die französischen Luftschiffer genau mit dem Gelände an der Grenze auf französischer wie deutscher Seite bekannt, so werden sie ihre Aufgabe der Rekognoszierung und des Angriffs in vollkommener Weise lösen. Besonders wichtig ist eine genaue Ortskenntnis für die kriegerische Tätigkeit während der Nacht, bei schlechtem Wetter über den Wolken und aus den oberen Regionen über 2000 Meter.

Vier französische Schlachtluftschiffe würden der deutschen Armee schon großen Schaden verursachen. Mit hundert oder tausend Schlachtluftschiffen würden aber die Franzosen nicht nur den Aufmarsch der deutschen Armeen vollkommen einsehen, sondern auch in starkem Umfange verhindern. Die Truppen zu Lande sind bei ihrem Vormarsch immer an die Straße gebunden. Auch wenn sie ruhen, sind sie an bestimmte Orte gebunden. Entweder bilden sie ein Biwak, oder sie sind in bestimmten Ortschaften untergebracht. Bei Tage und bei Nacht, im Halt oder in der Bewegung, wachend oder schlafend, sind die Landtruppen unausgesetzt der Beobachtung und dem Feuer der feindlichen Schlachtluftschiffe preisgegeben. Die Schlachtluftschiffe aber können sich jederzeit dem Feuer der Infanterie oder Artillerie entziehen. Sie brauchen nur höher zu steigen oder fortzufahren. Während der Nacht können die Luft-

schiffe überhaupt nicht getroffen werden. Da die Schlachtluft=
schiffe aber mit Scheinwerfern ausgestattet sind, so können sie
auch bei Nacht genau den Gegner aufsuchen, beschießen und
vernichten. Durch den Motor in der Luft wird der Nachtkampf
sehr an Ausdehnung gewinnen. Wenn die Schlachtluftschiffe bei
klarem Wetter am Tage durch das Feuer der feindlichen Infanterie
und Artillerie gezwungen werden, sich in den höchsten Regionen
über 2000 oder gar 3000 m zu halten, oder sich aus dem Ge=
sichts= und Schußfeld des Gegners zu entfernen, so werden sie
sich mit eintretender Dunkelheit wieder ihrem Ziele nähern. Was
sie an einem klaren Tage unterlassen mußten, werden sie während
der Nacht vollbringen. Man denke sich das Biwak einer Divi=
sion, über dem 100 Schlachtluftschiffe je 30 Torpedos von je
10 Kilogramm fallen lassen. Bei 3000 Torpedos würde von den
12000 Mann einer Division schwerlich viel übrigbleiben. Der
Erbauer des Lebaudy=Schiffes, der Ingenieur Julliot, hat die
Erwartungen ausgesprochen, daß ein jedes der französischen Schlacht=
luftschiffe 30 und bei kurzen Fahrten sogar 50 Torpedos zu je
10 Kilogramm mit sich führen kann.*)

Mit Recht bemerkt der Major der Fußartillerie Moedebeck,
daß sich schon mit Torpedos von geringerem Gewicht als 10 Kilo=
gramm im Feldkriege gute Erfolge erzielen lassen.

Vielleicht werden die 100 französischen Schlachtluftschiffe nach
Aufreibung einer deutschen Division im Elsaß in derselben Nacht
schnell über die Vogesen zurückkehren, sich mit neuer Munition
versehen und kurz nach Mitternacht schon eine zweite deutsche
Division vernichten.

Die deutsch=französische Grenze hat nur eine Länge von rund
250 km Luftlinie. Über diese kleine Grenze würden sich im
Kriegsfalle innerhalb von wenig Tagen drei oder mehr Millionen
deutscher Soldaten bewegen. Alle Straßen in Elsaß=Lothringen
sind vollgepfropft von Kavallerie, Infanterie, Artillerie und
Trains. Mit 1000 Schlachtluftschiffen, die zusammen 50000 Tor=
pedos abgeben können, könnten die Franzosen während der Nacht
oder bei bewölktem Himmel am Tage einen großen Teil der deut=
schen Armee vernichten. Sobald die 1000 Schlachtluftschiffe ihre
Munition verschossen haben, kehren sie über die Grenze hinter

---

*) Moedebeck, „Die Luftschiffahrt", Straßburg 1906, Seite 118; und Capitaine
L. Sazerac de Forge, La conquête de l'air, Paris 1907, Seite 510.

den französischen Sperrvorring zurück, um ihn zu ergänzen. Bei einer Schnelligkeit von 40 km in der Stunde und einer Entfernung von durchschnittlich 20 km kann jedes innerhalb einer Stunde aufs neue 50 Torpedos zu je 10 km einnehmen und zurückkehren. In einer Nacht oder an einem Tage läßt sich also ein solcher Angriff aus der Luft gegen so zusammengedrängte Armeemassen vielleicht 10—12mal ausführen. Dieser Fall zeigt, daß die Entscheidung in künftigen Kriegen zwischen Deutschland und Frankreich sich mehr und mehr in die Luft verlegt.

Oder glaubt man etwa nicht, daß Frankreich in einigen Jahren 1000 Schlachtluftschiffe besitzen wird? Die von den Gebr. Lebaudy gefertigte „Patrie" kommt den Erbauern auf etwa 300000 Franks zu stehen. 1000 Schlachtluftschiffe dieser Art würden nur 300 Millionen Franks dem französischen Staate kosten. Bei der Billigkeit der Schlachtluftschiffe im Vergleich etwa zu den Linienschiffen der Kriegsmarine, von denen heute jedes auf 40 Millionen Mark zu stehen kommt, ist anzunehmen, daß Großmächte, wie Frankreich oder Deutschland, in 20 Jahren je vielleicht 3000 Schlachtluftschiffe besitzen werden. Der südwestafrikanische Aufstand, der sich ohne Zweifel hätte vermeiden lassen, hat dem Deutschen Reich 800 Millionen Mark gekostet. Hätte Deutschland diese Summe auf die Begründung einer Luftflotte von vielleicht 2000 Motorluftschiffen verschiedener Größe und Preislage verwandt, so würde Deutschland eine Macht besitzen, wie nie ein anderer Staat zuvor. Die maritime Überlegenheit Englands würde durchbrochen sein. Keine Koalition wäre zu fürchten.

Es dürfte nicht viel Offiziere oder Staatsbeamte in Frankreich oder Deutschland geben, die der Überzeugung leben, daß in zehn Jahren ihr Heimatstaat 1000 und in 20 Jahren vielleicht das Doppelte oder Dreifache an Schlachtluftschiffen besitzen wird. Die Gründe, aus denen sie trotz der Erfolge der ersten Motorluftschiffe an ein Aufkommen des militärischen Motorluftschiffes nicht glauben, sind historisch vollständig verständlich. Dem Aufkommen der Eisenbahnen in Preußen haben die höchsten Offiziere und Beamte mit voller Überzeugung entgegengewirkt. General Aster, die erste Autorität im preußischen Pionierwesen, Postmeister Nagler und Minister Rother waren die heftigsten Gegner des Baues einer Eisenbahn von Berlin nach Potsdam.

Man sollte denken, daß die Bedeutung des Eisenbahnwesens von niemand früher erkannt worden wäre, als von dem Chef der preußischen Postverwaltung, besonders nachdem schon seit sechs Jahren in England und Amerika Eisenbahnen existierten. Gleichwohl erklärte der preußische Postmeister Nagler, daß er in den Eisenbahnen neben der Post nur „ein höchst beschränktes und untergeordnetes Kommunikationsmittel" erblicken könne. Kein Offizier hätte den Wert der Eisenbahnen früher begreifen dürfen als der Chef des Pionierkorps. Das preußische Staatsministerium hat sich bis zum Jahre 1840, dem weiteren Ausbau des Eisenbahnnetzes, dessen erste Linie Berlin-Potsdam am 30. Oktober 1838 eröffnet war, mit aller Macht widersetzt. Als ihm die drei Linien Berlin-Leipzig, Berlin-Anhalt und Berlin-Magdeburg mit dem Gesuch um Konzessionierung vorgeschlagen wurden, lehnte es den Bau ab mit der Begründung: es hätte ganz genau den Gesamtverkehr zwischen diesen Orten festgestellt und sich überzeugt, daß der Gesamtverkehr zwischen Berlin und diesen Gegenden nicht eine einzige Eisenbahnlinie ernähren könne. Kein Geringerer als der Reichskanzler Fürst von Bismarck hat sich nachträglich am 2. Dezember 1884 im Reichstag über dieses weise Urteil seiner Amtsvorgänger lustig gemacht. Es liegt auch nicht der geringste Grund vor, daran zu zweifeln, daß die damalige statistische Erhebung der preußischen Regierung mit weniger Gewissenhaftigkeit durchgeführt worden ist, als irgendeine andere. Aber es fehlte den preußischen Ministern und ihren Geheimräten eben an der notwendigen Fähigkeit, das Zeitalter des Dampfes, des Motors auf den Schienen, zu begreifen. Den Widerstand der Minister beseitigte der eisenbahnfreundliche Kronprinz, der spätere König Friedrich Wilhelm IV.

Im Auslande war man übrigens nicht überall gescheiter. In Frankreich erklärte der später so berühmt gewordene Thiers von der ersten Eisenbahn: „Man muß den Parisern dieses Spielzeug schenken, aber es wird niemals einen Reisenden oder ein Gepäckstück transportieren." Diese Anschauung ist heute noch die herrschende über den Motor in der Luft. Ein Spielzeug, aber es wird keinen Reisenden und kein Gepäckstück expedieren.

Ein starres Aluminiumluftschiff kostet 500000 Mark, ein unstarres Motorluftschiff kostet 200000 Mark.

Wenn das Deutsche Reich sich 3000 Schlachtluftschiffe teils

des starren, teils des unstarren Systemes für insgesamt eine Milliarde Mark im Laufe von zehn Jahren, also für 100 Millionen Mark jährlich anschaffen würde, wäre da nicht das Deutsche Reich um eine Milliarde Mark ärmer? Es ist nicht ausgeschlossen, daß das Deutsche Reich gerade durch diese Ausgabe von einer Milliarde, die übrigens im Lande bleiben würde, um drei oder mehr Milliarden Mark in der gleichen Zeit reicher werden würde. Der Bau von Schlachtluftschiffen wird eine Industrie des Luftschiffbaues begründen. Die Kenntnisse und Fähigkeiten der Ingenieure und Arbeiter, die auf diesem Wege geschaffen werden, sind von unberechenbarem Werte. Die militärische Motorluftschiffahrt wird anregend wirken auf die private Motorluftschiffahrt. Eine Menge von Verkehrslinien über das ganze Reich weg und mit dem Ausland werden sich auf diese Anregung hin begründen. Die Bevölkerung wird Vertrauen zur Benutzung des Luftweges erlangen. Die Verbesserung der Verkehrsverhältnisse innerhalb des Reiches und mit dem Auslande werden der Produktion, dem Handel und der Konsumtion zugute kommen. Als das preußische Staatsministerium sich dem Bau der drei genannten Eisenbahnlinien von Berlin aus widersetzte, da ahnten die Herren Minister nicht, welchen Aufschwung das Eisenbahnwesen der gesamten Volkswirtschaft bringen würde. Merkwürdig ist, daß trotz der steigenden Ausgaben der Großmächte für ihre Land- und Seemacht das Nationalvermögen und das Nationaleinkommen pro Kopf der Bevölkerung beständig gestiegen ist. Wahrscheinlich haben in Ländern wie Deutschland und England die größten Industrien, insonderheit die Eisenindustrie und Schiffbauindustrie, durch die militärischen Rüstungen eine wohltuende Anregung erhalten.

Die Menge der deutschen Offiziere legt dem Motorluftschiff noch keine große Bedeutung bei. Da die Artillerie und Infanterie mit gutem Erfolg bei den Schießübungen Fesselballons in der Höhe von 800 oder 1200 m herabgeschossen hat, glauben die Offiziere der Land- und Seemacht auch mit dem Motorluftschiff fertig zu werden. In einer Höhe von mehr als 2000 m ist das Motorluftschiff selbst gegenüber der schweren Artillerie fast vollkommen sicher. In einer Höhe von 2500 m wird auch die schwere Artillerie unwirksam. Aber in niederen Höhen ist eine Beschießung durch schwere Artillerie auch aus sehr großer Entfernung, nämlich bis auf 8000 m, möglich. Die größte Höhe, in der das Luftschiff von dem Feldgeschütz noch getroffen werden kann, wird auf 800 m geschätzt. Die leichte Feldhaubitze bedroht das Luftschiff bis auf eine Höhe von 1600 m. Direkt über einer Batterie ist das Luftschiff vor den Schüssen der Artillerie vollkommen gesichert, da die gegenwärtigen Geschütze nicht kerzengerade in die Höhe schießen können, sondern eines Winkels bedürfen.

Direkt in die Höhe kann nur das Infanteriegewehr schießen und zwar auch nur bis zu einer Höhe von 1500 m. Über 1500 m ist also das Motorluftschiff über einer Batterie, trotz der Infanteriebedeckung, vollkommen in Sicherheit. Man konstruiert gegenwärtig besondere Geschütze gegen Luftschiffe. Bereits im Jahre 1870 hatte die Firma Krupp eine Ballonkanone konstruiert. Auf der Automobilausstellung im Herbst 1906 zu Berlin war von Erhard in Düsseldorf eine Ballonkanone ausgestellt. Vielleicht gelingt es, Ballonkanonen herzustellen, mit denen man eine Höhe von 1500 m erreicht. Bis jetzt ist dies noch nicht gelungen.*) In einer Höhe von 1500—2000 m kann das Motorluftschiff noch gut beobachten und zielen, während es selbst vor einer Beunruhigung von unten her ziemlich sicher ist. Nach Major Moedebeck's sachverständigem Urteil würde ein Motorluftschiff von solcher Höhe aus die feindliche Batterie sehr wohl treffen können. Die Luftschiffer würden auf wenigstens 30% Treffer in der beschossenen Batterie rechnen können.**) Gegenüber der Artillerie in der Schlacht auf dem Lande hat der Luftschiffer regelmäßig den Vorteil, aus viel geringerer Entfernung schießen zu können. Der Luftschiffer wird oft Gelegenheit haben, seine Torpedos aus einer Höhe von nur 500 m fallen zu lassen. Die Nacht, der Nebel, der bewölkte Himmel werden es ihm oft ermöglichen, ohne jede Gefahr sich direkt über sein Ziel zu setzen. Wirklich klares, wolkenloses Wetter ist nur sehr selten. Bei vollkommen wolkenlosem Wetter kann das Motorluftschiff sich seinem Ziel in einer Höhe von über 2000 m mit Sicherheit nähern. Bei bewölktem Himmel wird die Fahrt in den unteren Wolkenschichten mit öfterem Ausblick nach unten durch vorübergehendes

---

*) Moedebeck, „Die Luftschiffahrt", Straßburg 1906, Seite 129.
**) Moedebeck, „Die Luftschiffahrt", Seite 117.

Herabgehen sich ohne Gefahr ermöglichen lassen. Die größeren Luftflotten werden kleinere Luftschiffe zur Aufklärung vorwegsenden. Sobald diese den Feind durch drahtlose Telegraphie gemeldet haben, können die großen Luftflotten unter dem Schutz der Nacht sich über das gewünschte Ziel setzen. Auf Grund der Scheinwerfer können sie ihr Ziel, etwa das feindliche Hauptquartier oder eine Batterie oder ein Biwak, während der Nacht ohne jede eigene Gefahr beschießen und vernichten. Aber auch der aufgehende Morgen bietet viel Gelegenheit zu einem plötzlichen Angriff ohne eigenes Risiko. Am Tage gehen die Wolken häufig in einer Höhe von nur 700 oder 1000 m über den Erdboden hin. Zum Fallenlassen der Torpedos genügt ein Moment. Die Luftschiffe brauchen also nur auf einen Augenblick aus der sie deckenden Wolkenschicht herauszutreten, um sofort wieder in den Wolken zu verschwinden. Die „Patrie" hat dieses Manöver im Herbst 1906 bei Paris häufig ausgeführt. Aber auch am Tage und bei ganz klarem Wetter ist der Luftschiffer besser daran, als der Artillerist auf dem Lande. Ohne eigene Gefahr kann der Luftschiffer aus einer Höhe von 2000 m sein Ziel beschießen, während der Artillerist in der Schlacht häufig auf 4000—6000 m zu schießen gezwungen ist. Der Hauptvorzug des Luftschiffers besteht gerade darin, daß er sich senkrecht direkt über sein Ziel setzen kann, während der Artillerist durch die ganze Dunstbreite von 4000—6000 m in horizontaler Lage durchblicken muß.*) Der Luftschiffer hat regelmäßig einen viel besseren Einblick in sein Ziel, als der Artillerist.

Eine einzelne Flintenkugel bedeutet für ein Luftschiff keine große Gefahr. Geht eine Kugel durch den Gasballon eines unstarren oder halbstarren Luftschiffes von etwa 3000 cbm Gasinhalt, so haben die Luftschiffer noch stundenlang Zeit, sich mit dem Luftschiff zu entfernen, bevor es zu Boden sinkt. Das Gas verläßt den Ballon durch die durch die Flintenkugel entstandenen Löcher nur ganz langsam. Das starre Aluminiumschiff des Grafen Zeppelin enthält in der Aluminiumhülle nicht weniger als 16 voneinander getrennte Gasballons. Selbst die Zertrümmerung von mehreren dieser Ballons würden das Luftschiff noch nicht zum Sinken bringen. Die Gefahr, herabgeschossen zu werden,

---

*) Moedebeck, „Die Luftschiffahrt", Seite 108.

ist also für den Motorluftschiffer außerordentlich gering. Der Major der Fußartillerie Moedebeck erklärt selbst: „Das Treffen des Luftschiffes ist außerordentlich schwierig."

In meinem Buch „Berlin-Bagdad" habe ich dargelegt, wie beim Ausbruch eines Krieges zwischen Rußland und Deutschland die russische Luftflotte am Morgen des ersten Mobilmachungstages die Kasernen und Bahnhöfe von Berlin bombardiert. Sobald eine Kriegsmacht Tausende von Schlachtluftschiffen besitzt, wird sie bei Beginn des Krieges sobald wie möglich die Mobilmachung des feindlichen Heeres zu stören versuchen. Die Luftschiffer werden zunächst die verschiedenen Hauptquartiere des Feindes, die Lagerräume des Kriegsmaterials, die Telegraphenzentren, die wichtigeren Eisenbahnstationen, die Militärzüge auf der Bahn mit ihren Torpedos und Granaten bewerfen.

Wenn 1000 französische Schlachtluftschiffe sofort nach Ausbruch des Krieges in Deutschland eindringen, so wird selbst eine starke deutsche Schlachtluftflotte von 1000 Luftschiffen nicht imstande sein, zu verhindern, daß jede der nach Frankreich führenden Bahnlinien an mehreren Stellen vom Feinde zerstört wird. Das sicherste Mittel, einen solchen Vorstoß der feindlichen Luftflotten zu erreichen, wird der Angriff sein. Ein Land von der Größe und Bevölkerungszahl Deutschlands wird dafür sorgen müssen, daß es auch auf dem Gebiete der Luftmacht dem Feind überlegen ist. Die Erkundung und Störung des strategischen Aufmarsches durch feindliche Luftflotten läßt sich nicht anders verhindern, als durch eine große eigene Luftmacht. Sehr wichtige Ziele im eigenen Lande werden während der ganzen Dauer des Krieges eine Bewachung durch Luftschiffe erforderlich machen. Besondere Sorgfalt wird die deutsche Kriegsleitung in einem Kriege mit Frankreich auf die Sicherung der Grenzfestungen Metz und Straßburg gegen einen Angriff der französischen Luftflotte verwenden müssen. Die großen industriellen Etablissements, die dem Deutschen Reiche die Geschütze, die Gewehre, die Munition, die Schlachtluftschiffe, die Seekriegsschiffe liefern oder reparieren, werden unausgesetzt in der Gefahr sein, von einer feindlichen Luftflotte angegriffen zu werden. Es ist kaum denkbar, daß ein solcher Vorstoß ganz ergebnislos verläuft. Glückt es einer unvermutet während des Krieges hereinbrechenden französischen Luftflotte nicht, die Kruppsche Geschützfabrik in Essen oder die staatliche Gewehrfabrik in Spandau zu zerstören, so wird sie wahrscheinlich doch den Erfolg haben, daß sie die Eisenbahnlinien von Berlin nach Frankreich an mehreren Punkten beschädigt und einzelne Kasernen vernichtet. Bisher war ein plötzliches Ausbrechen des geschlagenen Feindes ganz unmöglich, weil man die Straßen besetzt halten konnte. Während des Krieges 1870/71 konnten die geschlagenen Franzosen nicht plötzlich in Essen oder Berlin erscheinen. Der Luftozean aber ist so groß, daß ihn niemand vollständig bewachen kann. Während die Deutschen Paris eingeschlossen halten, müssen sie in jeder Nacht damit rechnen, daß plötzlich Berlin von französischen Luftflotten bombardiert wird.

Wer will die französischen Luftflotten zwingen, über die deutsch-französische Grenze ihren Weg zu nehmen? Niemand kann sie hindern, über die Schweiz, über Belgien, über dem Meere, über England in Deutschland einzubrechen. Wenn sie ihre Fahrt über neutrales Land in der Dunkelheit oder hinter den Wolken nehmen, so wird man ihnen eine etwaige Neutralitätsverletzung nicht einmal nachweisen können. Aber zunächst gilt ein Flug durch die Luft noch gar nicht als Neutralitätsverletzung. Solange niemand eine Neutralitätsverletzung gespürt oder auch nur gesehen hat, wird sie für den Frevler keine verhängnisvollen Folgen haben. Die Schweizer, Belgier oder Engländer werden den Franzosen nicht den Krieg erklären, wenn sie in den Blättern lesen, daß in der vergangenen Nacht eine französische Schlachtluftflotte in der Höhe von 5000 m über ihr Territorium nach Deutschland gesaust ist.

Mit dem Vorwärtsschreiten der Motorluftschiffahrt werden die kontinentalen Großmächte ihre Kavallerie immer mehr vermindern und in Schlachtluftschiffe umwandeln. Schon heute erscheint der Besitz von 200 oder 300 Schlachtluftschiffen nach Art der „Patrie" wichtiger als die gesamte Kavallerie. Das Gesichtsfeld des Kavalleristen ist ein sehr enges. Alles, was der Kavallerist von Bedeutung zu melden hat, wird in den Kriegen der Zukunft längst von den Schlachtluftschiffen durch drahtlose Telegraphie gemeldet worden sein. Die Kavallerie wird ihre Bedeutung erhalten für die Feststellungen im Detail, z. B. welchen Regimentern gesichtete feindliche Patrouillen angehören, aber auch der Detaildienst wird vielfach von den Luftschiffern besorgt werden. Warum sollen die Schlachtluftschiffe nicht unter dem

Schutz eines Waldes oder Gebirges oder der Nacht auf einige Zeit im Rücken des Feindes zu landen vermögen? Das kleine Motorluftschiff des Grafen de la Vaulx mit nur 762 cbm Gasinhalt wird leicht eine Stelle im Walde finden, wo es glatt zu landen vermag.

Sobald die Flugmaschinen, die schwerer als die Luft sind, einen Aktionsradius von 30—40 km haben, werden sie im Felde vortreffliche Dienste für die Aufklärung leisten. Wenn man sie in großer Zahl verwendet, werden sie auch zum Angriff auf die rückwärtigen Verbindungen des Feindes zu verwenden sein. Bei den geringen Kosten einer Flugmaschine von nur einigen tausend Mark, werden die Heeresverwaltungen Zehntausende solcher Flugmaschinen anschaffen. Niemand kann heute behaupten, daß eine Kriegsmacht, wie die deutsche, in 20 Jahren nicht bereits 100 000 solcher Flugmaschinen besitzen wird. Wenn jemand im Jahre 1870 die Leistungen des Automobils und der drahtlosen Telegraphie und Telephonie unserer Tage vorausgesagt hätte, so würde man ihn für einen gefährlichen Phantasten erklärt haben. Auch ich glaube, daß noch viele verdienstvolle Erfinder und Förderer der Flugmaschine ihre Kühnheit, wie der geniale Lilienthal, mit ihrem Leben bezahlen werden. Nachdem aber der englische Militärdrachen einen Mann bis zu einer Höhe von 900 m ohne Gefahr hebt, erscheint es nicht unwahrscheinlich, daß sich in Zukunft auch ein Ritt auf der Flugmaschine ohne Lebensgefahr bewerkstelligen läßt. Beim Aufkommen neuer Erfindungen werden die Gefahren meist überschätzt.

In Bayern stellte das Obermedizinal-Kollegium dem König Ludwig I., als es sich um Genehmigung der am 7. Dezember 1835 eröffneten Nürnberg-Fürther-Eisenbahn handelte, beweglich vor, „der Dampfbetrieb werde bei den Reisenden wie bei den Zuschauenden unfehlbar schwere Gehirnerkrankungen erzeugen, und damit wenigstens die Zuschauer Schutz fänden, möge der Bahnkörper mit einem hohen Bretterzaun umgeben werden."*)

Die Mitglieder des Königl. Bayerischen Obermedizinal-Kollegiums ahnten damals nicht, daß nur ihr eigener Verstand noch mit einem hohen Bretterzaun vernagelt war.

---

*) W. Lotz, Verkehrsentwickelung in Deutschland 1800—1900, 2. Auflage, Aus Natur und Geisteswelt, Leipzig 1906, Seite 25.

14. Kapitel.

Der Seekrieg.

Kämpfe mitten im Ozean sind unter Beteiligung von Luftflotten während der nächsten Jahre noch nicht zu erwarten. Die Motorluftschiffe werden noch auf lange Zeit hinaus den weiten Ozean mit Respekt betrachten. Vielleicht werden kleinere unstarre Motorluftschiffe schon bald den großen Linienschiffen der Kriegsmarine mitgegeben, um ihnen bei einem Angriff durch Schlachtluftschiffe als Schutz zu dienen oder um im Falle einer Havarie der Mannschaft zur Rettung zu dienen. Da sich das Parsevalsche Motorluftschiff bequem auf zwei Lastfuhrwerken verpacken läßt, so könnten sogar mehrere solcher Luftschiffe einem Linienschiffe an Bord mitgegeben werden. Die Füllung aus Stahlflaschen mit komprimiertem Gas oder dem noch wirksameren Hydrolith läßt sich an Bord eines Linienschiffes schnell vornehmen. Vielleicht werden schon in wenig Jahren Schlachtflotten der Kriegsmarine, wenn sie im Ozean feindlich zusammenstoßen, neben ihren Riesenkanonen und Torpedos auch die mitgenommenen Schlachtluftschiffe gegeneinander in Bewegung setzen. Ein Manövrieren der Schlachtluftschiffe von der Seeflotte aus wird sich inmitten des Ozeans eher ereignen als vom Lande aus. Denn der Motorluftschiffer fürchtet ängstlich das Ausgehen seines Benzinvorrats und entfernt sich nur so weit von der Küste, als ihm der Benzinvorrat gestattet. Dieser sogenannte Aktionsradius wird bei dem Motorluftschiff durch den Benzinvorrat wie bei dem Seeschiff durch die Kohlen bestimmt.

Aber die großen Marineschlachten scheinen immer nahe der Küste stattfinden zu sollen. Die für die Japaner so ruhmreiche Schlacht von Tsuschima ist ein neuer Beweis für diese alte Erfahrung. Das Gros der englischen Schlachtflotte ist längst aus der weiten Welt für immer zum Schutze der britischen Küste in der Nordsee und dem Kanal zusammengezogen. Ein kleines Meer wie die Nordsee und das Mittelländische Meer rechnet für ein Motorluftschiff nur wie ein großer Teich. Der General der Kavallerie Graf von Zeppelin hat den Aktionsradius seines gegenwärtigen Aluminiumluftschiffes vor der 78. Versammlung deutscher Naturforscher am 19. September 1906 bei ungünstigem Winde auf 850 km berechnet. Sein Aluminiumluftschiff kann sich also vom Bodensee 850 km entfernen und wieder zurückkehren, ohne Benzin einzunehmen. Der Aktionsradius des Parsevalschen Motorluftschiffes, welches ja erheblich geringeren Gasinhalt hat, dürfte auf 225 bis 250 km zu schätzen sein.

Der Frankreich und England trennende Ärmelkanal ist an der schmalsten Stelle nur 31 km breit. Die Entfernung von Norddeich nach England beträgt etwa 400 km. Mit Luftflotten nach dem System des Grafen Zeppelin kann man jede Flotte der Kriegsmarine, die sich nicht durch Schlachtluftschiffe schützt, von der Nordsee vertreiben.

Die Geschwindigkeit der großen Linienschiffe der Kriegsmarine beträgt regelmäßig nicht mehr als 20 Seemeilen oder 37 km in der Stunde. Bei einer Eigenbewegung von 54 km in der Stunde kann das Zeppelinsche Aluminiumluftschiff von 11 000 cbm Gasinhalt bei Windstille mit bedeutend überlegener Geschwindigkeit das Linienschiff begleiten oder verfolgen. Selbst die „Patrie" mit einer Eigenbewegung von rund 40 km in der Stunde ist bei Windstille dem Linienschiff überlegen. Ein Schlachtluftschiff wie die „Patrie" kann fünf Torpedos zu je 50 kg ohne Mühe bei sich führen. Riesenluftschiffe wie das gegenwärtige des Grafen Zeppelin können sogar 50—60 Torpedos zu je 50 kg tragen.

Ein solches Luftschiff kann also eine ganze Flotte von Linienschiffen beschießen. Von oben her sind die modernen Linienschiffe am leichtesten zu verletzen. Für das Luftschiff „Patrie" genügen drei Mann Besatzung, für das Luftschiff des Grafen Zeppelin sechs Mann. Die „Patrie" im Werte von 300 000 Franks oder das Aluminiumluftschiff des Grafen Zeppelin im Werte von 500 000 Mark würden also mit ihrer geringen Besatzung in der Lage sein, ein modernes Linienschiff im Werte von 40 Millionen Mark mit 900 Mann an Bord zu vernichten.

Diese von Major Moedebeck in seinem Buch „Die Luftschiff= fahrt" (Seite 126) ausgesprochene Auffassung wird auch in englischen aeronautischen Kreisen geteilt. Als der „Daily=Expreß" über mein Buch „Berlin=Bagdad" die aeronautischen Sachverständigen Großbritanniens vernahm, erklärte Mr. Edge, die gegenwärtig vorhandenen französischen Schlachtluftschiffe seien imstande, die ganze englische Flotte in einer Entfernung von 20 englischen Meilen von der französischen Küste vollständig nutzlos zu machen.*)

Sobald der Durchmesser des Zeppelinschen Motorluftschiffes um 2 m vergrößert wird, würde es das Gewicht von etwa 70 Personen statt jetzt 30 Personen zu tragen vermögen. Dieses Luftschiff würde dann also mehr als 60 Torpedos zu je 75 kg zu tragen vermögen. Mit Torpedos von dieser Stärke würde sich noch ein weit größerer Schaden anrichten lassen. Wenn hintereinander 80 solcher Schlachtluftschiffe 60 Torpedos von je 75 kg auf ein einzelnes Linienschiff abgeprotzt haben, dürfte es unter den 4800 explodierenden Torpedos in Grund und Boden gesunken sein. 80 Aluminiumluftschiffe kosten aber nicht mehr als solch ein Linienschiff, nämlich 40 Millionen Mark. Es ist ohne Zweifel für das Deutsche Reich viel nützlicher, Schlachtluftschiffe zu bauen als Marineschiffe. Bei dem geringen Umfang der deutschen Kriegsmarine würde allerdings eine Vermehrung der Kriegsmarine über den gegenwärtigen Bauplan, der bis zum Jahre 1920 läuft, auch sehr am Platze sein. In den glücklichen volkswirtschaftlichen Zeiten der Gegenwart und angesichts der hohen Bedeutung einer Verstärkung der Seemacht wie der Luftmacht ist anzunehmen, daß beides geschehen wird.

Gerade weil eine starke deutsche Luftflotte die Überlegenheit der englischen Kriegsmarine in der Nordsee mit Sicherheit aufheben wird, verlohnt sich auch eine Verstärkung der deutschen Kriegsmarine, die bisher wenig Aussicht hatte, sich mit Erfolg mit der englischen zu messen.

Eine besonders wichtige Aufgabe der Motorluftschiffe im Seekriege dürfte darin bestehen, daß sie besonders in der Nacht vor feindlichen Häfen oder an der Küste des feindlichen Landes oder unmittelbar vor der feindlichen Flotte Minen legen. Das Zeppelinsche Motorluftschiff ist sogar befähigt, mit beiden Gondeln auf dem Wasser zu landen und zu fahren. Bei seiner großen Trag=

---

*) Daily=Expreß vom 19. Januar 1907.

fähigkeit würde es sich zum Legen von Minen ganz besonders eignen. Mit einem Dutzend solcher Riesenluftschiffe könnte man innerhalb weniger Stunden die Themsemündung oder die Elbemündung durch Minen vollständig versperren.

Durch die Motorluftschiffe läßt sich eine Blockade zur See von der Luft her aufrecht erhalten. Deutschlands Seemacht ist viel zu schwach, um die Häfen der britischen Inseln im Kriegsfall zu blockieren, während es der britischen Seemacht ein leichtes ist, die deutschen Häfen einer Blockade zu unterwerfen. Beim Fehlen einer eignen Landwirtschaft von Bedeutung sind die britischen Inseln zu ihrer Ernährung vollständig auf die Zufuhr von Nahrungsmitteln zur See angewiesen.

Eine starke deutsche Luftmacht wäre im Kriege sehr wohl in der Lage, diese Zufuhr aufs äußerste zu erschweren und vielleicht in starkem Umfange ganz zu verhindern. Das Nahrungsmittel zuführende Handelsschiff kann von dem Motorluftschiff durch einen Schuß vernichtet werden. Überdies können die deutschen Motorluftschiffe in jeder Nacht die wichtigeren englischen Häfen durch Legen von Minen sperren. Sobald England der deutschen Bevölkerung die Zufuhr von Nahrungsmitteln zur See abschneidet, würde ohne Zweifel die deutsche Luftmacht die Blockade zur See über die britischen Inseln einrichten und durchführen.

Auch ein so dicht bevölkerter Inselstaat wie Japan schwebt in der Gefahr, einmal von Rußland oder China im Kriege durch Luftflotten von seiner Zufuhr abgeschnitten zu werden. Bei der Überlegenheit der Japaner an Intelligenz und industriellem Geschick ist allerdings nicht anzunehmen, daß in absehbarer Zeit die Russen oder Chinesen die Überlegenheit in der Luft über Japan besitzen. Aber es liegt auf der Hand, daß während der Nacht wenige Motorluftschiffe einer Handelsflotte, deren Schiffe niemals gepanzert sein können, durch Schüsse von oben wie durch Legen von Minen erheblichen Schaden zufügen können. Die Überwachung der Zufuhr wird bei jedem Inselstaat in Zukunft in der Luft viel stärkere Kräfte erfordern als zu Wasser. Der Grund liegt in der Allgegenwart des Motorluftschiffes, wie sie oben dargelegt worden ist.

15. Kapitel.

Der Luftkrieg.

Mit dem Aufkommen des Motors in der Luft verschwindet die strikte Unterscheidung zwischen Landkrieg und Seekrieg. Denn die Luftflotten werden an demselben Tage und zuweilen in derselben Stunde sich sowohl an einer Schlacht zu Lande als an einer Schlacht zu Wasser beteiligen. Für das Luftschiff verschwindet der Unterschied von Land und Wasser. Eine Luftflotte, die am Tage den Ausschlag in einer Schlacht bei Sedan gegeben hat, kann noch am Abend oder in der Nacht in dem nur 200 km entfernten Ärmelmeer eine Schlachtflotte vernichten. Die in einer Landschlacht geschlagene Luftflotte wird von der feindlichen Luftflotte bis in das Meer verfolgt werden, um ihr die Möglichkeit der Erneuerung ihres Benzinvorrates oder in Zukunft ihrer elektrischen Kraft unmöglich zu machen. Die so verfolgte Flotte wird dabei wahrscheinlich zugleich von den Landgeschützen und den Seegeschützen des Siegers beschossen werden. Von den Linienschiffen auf der See werden sich kleinere unstarre Luftschiffe erheben, um an der Verfolgung teilzunehmen.

Bei der Unterscheidung zwischen Landkrieg, Seekrieg und Luftkrieg wollen wir nur zwischen einem Kriege unterscheiden, der vorwiegend auf dem Lande oder auf der See oder in der Luft ausgefochten wird.

Gerade in Mittel- und Westeuropa wird ein ganzer Krieg in Zukunft immer sowohl auf dem Lande als auf der See, als in der Luft ausgetragen werden. Selbst eine einzelne Schlacht dürfte sich bei der Nähe des Meeres häufig unter der Beteiligung der Land-, See- und Luftmacht vollziehen. Wie aber wird sich ein Luftkrieg, also ein Kampf, der sich vorwiegend zwischen Luftstreitkräften abspielt, vollziehen?

Der wichtigste Grundsatz der Strategie und Taktik im Luftkriege wird lauten: Man muß dem Gegner über sein, man muß sich direkt über den Gegner setzen. Vor der Hand kann man nur senkrecht von oben durch Fallenlassen oder durch Torpedolanzierrohre den Gegner treffen. Nach dem Urteile Major Moedebecks wird man niemals mit Gewehren von den Gondeln aus schießen können. Bei den starren Aluminiumluftschiffen dürfte sich aber doch wohl die Möglichkeit finden, die Gefahr einer Explosion auszuschließen. Da hier die Gasballons in einer Zahl von 16—20 Stück in einer riesenhaften Aluminiumhülle in getrennten Schotten liegen, wird sich ohne Schwierigkeit ein technisches Mittel bieten, die Aluminiumhülle auf mechanische Weise so abzuschließen, daß man aus einer besonderen, tiefer herabgelassenen Gondel mit dem Gewehr schießen kann. Der Vorteil gegenüber anderen Ballons oder Luftschiffen wäre außerordentlich groß. Gelingt es, durch die leicht verletzbare Gasblase eines halbstarren oder unstarren Luftschiffes ein Geschoß mit Phosphorlösung und Schwefelkohlenstoff zu schießen, so explodiert der Gaskörper sofort und das Luftschiff ist vernichtet. Da die halbstarren und unstarren Luftschiffe nur eine einzige Gasblase haben, ist die Gefahr einer Vernichtung des Luftschiffes eine viel größere. Bei dem Schottensystem des Zeppelinschen Aluminiumluftschiffes wird sich sicher ein mechanisches Mittel finden, die einzelnen Schotten vor dem Gefecht vorübergehend so abzuschließen, daß die Explosion des einen Gasballons weitere Explosionen nicht zur Folge hat.

Aus einem halbstarren oder unstarren Schlachtluftschiff wird man die mit Phosphorlösung und Schwefelkohlenstoff versehenen Geschosse nur aus einer Art Windbüchse gegen den gegnerischen Ballon abschießen können. Gegen Geschosse dieser Art würde die Aluminiumhülle den starren Luftschiffen einen wesentlichen Schutz gewähren. Gegen Torpedos von 10—75 kg im Gewicht, mit Explosivstoffen gefüllt, dürfte allerdings auch die Aluminiumhülle keinen Schutz gewähren.

Bei der Bedeutung, welche die Erlangung der höheren Regionen im Luftkampfe hat, springt der Vorteil in die Augen, den diejenigen Luftschiffe besitzen, die durch mechanische Hilfsmittel ohne Ballastauswurf zu steigen vermögen. In dieser Kunst dürfte das unstarre Motorluftschiff des Majors von Parseval den Vogel abgeschossen haben. Dieses Luftschiff hat zwei Ballonets, also Luftsäcke, die vermittelst eines Schlauches und Ventilators von der Gondel her mit Luft gefüllt oder von Luft entleert werden können. Das eine Ballonet ist am Kopf, das andere am hinteren Teil der Hülle angebracht. Durch diese sinnreiche Anordnung ist es möglich, die Hülle vorn oder hinten mehr oder weniger zu belasten, und somit das ganze Schiff schräg aufwärts oder horizontal oder schräg abwärts mit der Spitze einzustellen. Auf diese Weise kann also das Parsevalsche Luftschiff ohne besondere bewegliche Vertikalsteuer seine Höhenlage während der Fahrt ändern.*) So wird das Parsevalsche unstarre Luftschiff große Höhen ohne Ballastabwurf erlangen können. Es wird ebenso wieder herabsteigen können ohne Öffnung des Ventils. In jedem Falle wird es mit Ballast und Gas außerordentlich sparsam wirtschaften können. Wenn es der Sandsäcke nicht als Ballast bedarf, so kann es dafür mehr Benzin mitnehmen. Der Aktionsradius vergrößert sich hierdurch. Er dürfte schon jetzt bei dem von Parsevalschen Motorluftschiff etwa 250 km betragen. Ein solches Motorluftschiff kann also eine Reise von 500 km zurücklegen, bis der Benzinvorrat erschöpft ist.

Dasjenige Luftschiff, welches mit dem Winde fährt, wird dem entgegenkommenden bedeutend überlegen sein.

Aller Wahrscheinlichkeit nach werden die Luftschiffe danach streben, gegenseitig den Ballonkörper aufzuschneiden. Die Gasblase der „Patrie" oder eines anderen Lebaudy-Luftschiffes ist um vieles leichter durch einen scharfen Gegenstand aufzuschlitzen, als die Aluminiumhülle des Zeppelinschen Luftschiffes. Wenn ein starres Luftschiff ein halbstarres oder unstarres anrennt, wird das halbstarre oder unstarre infolge der Verletzung der einzigen Gasblase zugrunde gehen.

Eine Schlacht zwischen verschiedenen Luftflotten in der Höhe von 1000 oder 4000 m wird ein furchtbares Schauspiel sein. Eine Schlacht in so gefährlicher Lage und mit so künstlichen Maschinen ist aber das glänzendste Zeugnis für die Fähigkeiten des Menschengeschlechts.

---

*) Major Groß „Die Entwickelung der Motorluftschiffahrt im 20. Jahrhundert, Berlin 1906, Seite 25.

Das Luftschiff des Grafen Zeppelin fertig zur Abfahrt (1906).

16. Kapitel.

Der Truppentransport durch die Luft.

Sofort nach Erfindung des Luftballons im Jahre 1783 durch Josef Montgolfier beschäftigten sich die Menschen mit der Idee, auf Ballons Truppen durch die Luft zu transportieren. Ein alter französischer Kupferstich, vor mehr als hundert Jahren angefertigt, stellt eine Landung in England durch die Luft auf Dutzenden von Ballons dar. Auch nach Aufkommen der Motorluftschiffahrt stehen einem Transport durch die Luft zunächst noch erhebliche Schwierigkeiten entgegen. Die „Patrie" mit ihren 3150 cbm Gasinhalt und das Parsevalsche Motorluftschiff mit seinen 3000 cbm Gasinhalt tragen nur etwa 4—5 Personen bei einer 12stündigen Fahrt. Das halbstarre Motorluftschiff des Amerikaners Wellmann mit einem Gasinhalt von 7349 cbm ist allerdings schon zu einer erheblich größeren Leistung befähigt. Wellmann beabsichtigt mit diesem in Paris gebauten Luftschiff im Sommer 1907 von der Däneninsel bei Spitzbergen aus den 1200 Kilometer entfernten Nordpol zu erreichen. Der Petroleumvorrat seines Luftschiffes langt für eine 100stündige Fahrt von insgesamt 2500 km. Bei einer kleineren Fahrt von nur 50—100 km würde dieses größte Motorluftschiff des nicht starren Systemes schätzungsweise etwa 15 Personen tragen können. Aber dieses Motorluftschiff ist merkwürdigerweise noch nie erprobt worden.

Das starre Riesenluftschiff des Grafen Zeppelin von 11000 Kubikmeter Gasinhalt hat am 10. Oktober 1906 11 Personen über den Bodensee getragen und besitzt eine Tragfähigkeit von etwa 30 Personen. Bei einer Länge von 128 m hat es einen Durchmesser von rund 12 m. Vermehrt man den Durchmesser um 2 m, so erhöht sich die Tragfähigkeit um 4000 kg, während das tote Gewicht nur um 1000 kg zunimmt. Das Luftschiff kann also 3000 kg oder 40 Personen mehr tragen. Das Zeppelinsche

Luftschiff würde dann also insgesamt 70 Personen durch die Luft transportieren können. Eine solche Tragfähigkeit gilt aber nur für eine 10stündige Fahrt, bei der in der Stunde 50—54 km zurückgelegt werden. Bei einer längeren Fahrt würde mehr Benzinvorrat und weniger Personen mitgenommen werden müssen.

Eine Vergrößerung des Durchmessers des Zeppelinschen Luftschiffes von 12 m auf 14 m erschwert die Handhabung des Luftschiffes in keiner Weise. Der gegenwärtige Querschnittsdurchmesser war auffallend gering. Seit den Versuchen des Franzosen Renard im Jahre 1884 hat die Erfahrung mit den bisher erbauten Luftschiffen ein Verhältnis der Länge zum Querschnittsdurchmesser von etwa 6 zu 1 als das Beste erwiesen.*) Bei der Länge des Zeppelinschen Luftschiffes von 128 m könnte der Querschnittsdurchmesser vielleicht sogar auf 21 m erhöht werden.

In meinem Buch „Berlin=Bagdad" bin ich von der Voraussetzung ausgegangen, daß das starre Aluminiumluftschiff des Grafen Zeppelin sich schon im Jahre 1910 in dreifacher Größe herstellen läßt. Und in der Tat, es unterliegt keinem Zweifel, daß dieses starre Luftschiff schon jetzt mit einem Gasinhalt von 30000 cbm gebaut werden könnte. Der General der Kavallerie, Graf von Zeppelin, ist selbst von der Ausführbarkeit in dieser Größe überzeugt. Von besonderem Interesse ist, daß sogar die Anhänger des halbstarren und unstarren Systems vielfach an die Möglichkeit glauben, auch diese Systeme in so gigantischer Größe auszubauen. Als die Vertreter von Zeitungen nach Erscheinen meines Buches „Berlin=Bagdad" Santos Dumont befragten, ob es möglich sei, schon jetzt Luftschiffe von 30 000 cbm Gasinhalt herzustellen, erwiderte er: „Warum denn nicht?" Jeder Konstrukteur kann sie gegen einen entsprechenden Preis liefern." Diese Äußerung ist um so interessanter, als Santos Dumont bis zum Jahre 1903 seinen Stolz darin suchte, das kleinste Motorluftschiff der Welt herzustellen. Seine unstarre Nummer 9, die sogenannte „Luftballadeuse", hatte nur einen Gasinhalt von 261 Kubikmeter. In diesem kleinsten Motorluftschiff ist Santos Dumont im Jahre 1903 wiederholt in Paris in der Höhe der Dächer durch die Straßen spazieren gefahren.

---

*) Major Groß, „Die Entwickelung der Motorluftschiffahrt im 20. Jahrhundert", Berlin 1906, Seite 8.

Das Zeppelinsche Aluminiumluftschiff würde bei einem Gasinhalt von 30000 cbm nicht weniger als 200 Personen tragen. Mit 5 Motorluftschiffen dieser Art würde man also ein kriegsstarkes Bataillon von 1000 Mann durch die Luft befördern können. Zum Transport einer Armee von 400000 Mann wären also nur 2000 solcher Motorluftschiffe erforderlich. Die Herstellungskosten eines Motorluftschiffes von solchem Umfange würden sich auf nicht mehr als 1 Million Mark stellen. Für 2 Milliarden Mark würde sich also das Deutsche Reich oder irgendein anderer Staat eine Luftflotte von 2000 Aluminiumluftschiffen zum Transport von 400000 Mann für eine 10stündige Fahrt zu je 50—54 km anschaffen können.

In meinem Buch „Berlin-Bagdad" habe ich darauf hingewiesen, daß sich ein solcher Massentransport noch erleichtern und verbilligen läßt durch die Herstellung von besonderen Transport-Luftschiff-Zügen. Man kann einem Motorluftschiffe Anhänger geben, die nicht einen Motor samt Benzinvorrat zu tragen haben. Solche Anhänge-Luftschiffe von 30000 cbm Gasinhalt würden vielleicht 250 oder mehr Personen zu tragen imstande sein. Vielleicht wird man auf einem Transport-Luftschiff-Zug von insgesamt 4 Luftschiffen zu je 30000 cbm ein kriegsstarkes Bataillon transportieren können. Ich zweifle nicht daran, daß diese meine Auffassung von dem Grafen Zeppelin geteilt werden dürfte. Anhänger des halbstarren und unstarren Systems haben aber Bedenken gegen meine Berechnung geäußert. Insonderheit hat der Comte de la Vaulx, als er von dem Pariser Vertreter des Standard am 18. Januar 1907 über mein Buch „Berlin-Bagdad" interpelliert wurde, erklärt, daß er meiner Idee der Anhänge-Luftschiffe sehr skeptisch gegenüberstehe. Auch andere hervorragende Aeronauten und Konstrukteure nichtstarrer Luftschiffe haben mir gegenüber sich dahin geäußert, daß sie an die Möglichkeit von Transport-Luftschiff-Zügen nicht glauben könnten. Zur Begründung wiesen sie darauf hin, daß es zu schwierig sei, sämtlichen Luftschiffen genau den gleichen Auftrieb zu geben. Meines Erachtens werden diese Schwierigkeiten überwunden werden. Sind die Luftschiffe durch gesicherte Laufbrücken miteinander verbunden, so ist es bei dem Transport eines kriegsstarken Bataillons sehr leicht, das Gleichgewicht zwischen den verschiedenen miteinander verbundenen Luftschiffen herzustellen. Überdies kann der gleichmäßige Gang der Gondeln der verschiedenen Luftschiffe ja durch Stahlschienen, welche die Luftschiffe verbinden, gewährleistet werden. Als man die erste Eisenbahn in England baute, da hat man auch sehr vieles für ewig unmöglich gehalten, was heute schon seit Jahrzehnten existiert. Bei den ersten Eisenbahnen mit Dampfbetrieb auf den englischen Kohlen= und Erdbahnen um das Jahr 1780 bewegte sich die Dampfmaschine nicht, sondern sie stand fest und zog die Wagen an einem Kilometer langen Seile.*) Wer damals behauptete, daß man die Dampfmaschine auf Räder setzen und mit Anhängewagen versehen könne, wurde von den ersten Fachmännern für einen Phantasten gehalten.

Im übrigen ist die Frage der Luftschiff=Züge von untergeordneter Bedeutung. Ohne Anhänger stellt sich der Transport teurer, da mehr Motorluftschiffe mit weniger Personen verwandt werden müssen. Im Kriege kommt es aber auf die Kosten für den Bau weiterer großer Motorluftschiffe zum Transport nicht an. In Zukunft wird eine blühende Volkswirtschaft Zehntausende solcher Motorluftschiffe im Verkehr vorrätig haben wie heute die Eisenbahnwagen und Lokomotiven.

Solche Transport=Luftschiff=Züge und — solange diese nicht bestehen — die großen Motorluftschiffe des starren Systems von 30000 und mehr Kubikmeter Gasinhalt werden im Kriege eine große Rolle spielen. Während der Nacht wird man dem Feinde ganze Armeen durch die Luft in den Rücken werfen. Die Entfernungen, die dabei in Betracht kommen, sind für den Luftverkehr so kleine, daß von denselben Luftschiffen die Fahrt in derselben Nacht oft mehrfach wird ausgeführt werden können. Am Tage vor der Schlacht sind die feindlichen Armeen nicht mehr als etwa 50 km voneinander entfernt. In der Nacht vom ersten auf zweiten Schlachttag beträgt die durchschnittliche Entfernung, wie der russisch=japanische Krieg gezeigt hat, oft nur 10—20 km und noch weniger. Das Zeppelinsche Aluminium=Luftschiff legt aber 50—54 km in einer Stunde zurück. In Zukunft wird diese Schnelligkeit wahrscheinlich noch weit größer sein. Man kann also vermittelst einer einstündigen bis zweistündigen Fahrt dem Gegner während der Schlachttage ganze Armeen in den Rücken

---

*) Prof. P. Hahn. Die Eisenbahnen in „Aus Natur und Geisteswelt". Leipzig 1905, Seite 12.

werfen. Die Landung solcher Transportflotten kann durch das Torpedofeuer zahlreicher Schlacht=Luftschiffe gesichert werden. Die Mitnahme von Artillerie ist überflüssig, da sie durch die Schlacht=Luftschiffe mit ihren Torpedolanzierrohren ersetzt werden kann.

Ganze Armeen durch die Luft wird immer nur eine Großmacht transportieren können, die Soldaten im Überfluß besitzt. In einem Kriege zwischen Frankreich und Deutschland würde sich im Zeitalter der Motorluftschiffahrt die Überlegenheit Deutschlands an Zahl der Soldaten um so mehr fühlbar machen. Deutschland kann den Überschuß seiner Soldaten zu Unternehmungen durch die Luft verwenden. Das plötzliche Auftauchen ganzer Armeen im Rücken oder in der Flanke des Feindes kann aber wichtiger sein als der Hauptangriff von vorn.

Eine ganz andere Gestalt gewinnt der Truppentransport durch die Luft, sobald eine brauchbare Flugmaschine hergestellt ist. Wenn die Gebr. Wright wirklich schon $24^{1}/_{2}$ englische Meilen oder 37 km in 38 Minuten geflogen sind, so würden sie im Besitz einer kriegstüchtigen Flugmaschine sein. Bei dem Fluge der Gebr. Wright wäre es ja nicht ausgeschlossen, daß ein günstiger Wind das Hauptverdienst an der angeblich so langen Luftreise trägt. Wenn der Wind einen mit einem Mann bemannten Drachenapparat bis auf eine Höhe von 900 m hebt und dort hält, wie oben auf Grund der Erfahrungen im Kriegslager zu Aldershot dargelegt worden ist, so kann er auch einen Mann auf einem ähnlichen Drachenapparat innerhalb einer halben Stunde 37 km weit tragen. Der Motor des Aeroplans der Gebr. Wright hat durch seinen Antrieb die Leistung des Windes vielleicht vervollständigt. Vielleicht hat der Motor nur eine ähnliche Aufgabe gehabt, wie der Motor des von Gas getragenen Motorluftschiffes. Wie dem auch sei, die Leistungen des englischen Drachenapparates bei der Hebung eines Mannes auf die Höhe von fast 1 km, die vor der Öffentlichkeit festgestellten Flüge des Otto Lilienthal, 1891—1896, sowie der Gebr. Wright, 1900—1902, auf ihren motorlosen Gleitapparaten über eine Entfernung von 300 bis 400 m lassen es für sehr wahrscheinlich erscheinen, daß bei genügend starkem Winde die Flugmaschine einen Mann 37 km in einer halben Stunde durch die Luft zu tragen vermag.

Die geringste Entfernung zwischen England und Frankreich beträgt nur 31 km. Mit der Flugmaschine der Gebr. Wright würde man bei paſſendem Winde, ſofern die Angaben der Gebr. Wright richtig ſind, ſchon jetzt über den Kanal ſetzen können. Auch andere wichtige Stellen in der Welt dürften ſich für einen kühnen Flugmaſchinenritt eignen. Die Entfernung von Korea nach der Inſel Tſuſchima und von dort nach Japan beträgt nur rund 66 und 85 km. Von dem ſpaniſchen Gebiet bei Gibraltar beträgt die Enfernung nach Afrika nur 20—30 km. Mehrere der für die Politik wichtigſten Meeresarme können alſo wahrſcheinlich bald auf der Flugmaſchine überflogen werden. Da die Flugmaſchine ſehr billig iſt und bei der Maſſenverfertigung, einſchließlich des verhältnismäßig teuren Motors, nicht mehr als 5000 Mark koſten dürfte, ſo kann man große Truppenmengen auf Flugmaſchinen transportieren. 200 000 Flugmaſchinen zum Transport von ebenſoviel Mann würden eine Milliarde Mark koſten. Wie heute für den Krieg die Pferde requiriert und die Eiſenbahn ſamt ihrem rollenden Material von der Militärverwaltung mit Beſchlag belegt werden, ſo wird man in den Kriegen der Zukunft die in der Nation vorhandenen Flugmaſchinen oder Motorluftſchiffe für den militäriſchen Gebrauch in Anſpruch nehmen.

Aber nur in einer kapitalkräftigen, induſtriellen und ſportliebenden Nation werden Flugmaſchinen und Motorluftſchiffe in ſo großer Zahl vorhanden ſein, daß ſie mit Erfolg während des Krieges für den Truppentransport durch die Luft verwandt werden können. Der Soldat auf der Flugmaſchine, die nur einen Mann trägt, wird auch zugleich ein geübter und gebildeter Chauffeur ſein müſſen. Die Kenntniſſe und die Übung zur Führung einer Flugmaſchine muß im Frieden beim Militär oder durch den Sport oder durch den Beruf erlangt ſein. Breite Schichten von geübten Flugmaſchinenreitern wird nur eine geiſtig und induſtriell hochſtehende Nation aufzuweiſen haben.

Ein Truppentransport auf Flugmaſchinen wird im Landkriege wie im Seekriege der Gefahr ausgeſetzt ſein, von unten wie oben beſchoſſen zu werden. Während ihnen von unten das Feuer der Artillerie und Infanterie oder Kriegsſchiffe droht, kann er von oben durch andere Flugmaſchinen, inſonderheit aber durch Schlachtſchiffe, beſchoſſen werden. Die Flugmaſchinen ſelbſt dürften nie mehr als ein beſcheidenes Quantum an Munition in Geſtalt von ein oder zwei leichten Torpedos für das an ihr anzubringende Torpedolancierrohr bei ſich führen. Aber einige kleine

Torpedos von 5—10 kg im Gewicht werden sie wahrscheinlich zu tragen vermögen. Die Schlachtluftschiffe mit ihren gewaltigen Mengen von Munition werden die gefährlichsten Gegner der Flugmaschinen-Schwadronen sein. Auch haben die Motorluftschiffe ohne Zweifel die Fähigkeit, höher zu steigen, als die Flugmaschine. Indessen ist die landläufige Ansicht, daß Flugmaschinen sich nicht weit über den Boden emporheben können, sicher eine durchaus irrige. Der englische Militärdrachenapparat hält den Mann in einer Höhe von 900 m sicherer, als in einer Höhe von 50 m. In den oberen Regionen ist erfahrungsgemäß der Wind stärker wie unten. Selbst an solchen Tagen, wo auf der Erde Windstille herrscht, kann ein Mann oder ein Instrument in einem Drachenapparat aufsteigen, nachdem es gelungen ist, den ersten leichten Drachen durch die windstille Zone in die oberen Schichten zu befördern. Dies kann geschehen, indem man durch ein schnellfahrendes Schiff künstlich Wind erzeugt, und den ersten Drachen vom Schiffe aus aufsteigen läßt. Da der Wind in den oberen Regionen über 500 m regelmäßig erheblich stärker ist als unten, so dürften die Flugmaschinen es sogar vorziehen, in einer Höhe über 500 m zu fahren. Warum soll man eine drachenartige Flugmaschine nicht durch einen aus etwa sechs aneinander gereihten Drachen bestehenden Drachentandem-Apparat im Aufstieg unterstützen?

17. Kapitel.

Die Rückwirkung auf die Politik.

Als am Ausgang des Mittelalters die Technik der Schiffahrt durch das Aufkommen der Segelschiffe und des Kompasses sich stetig verbesserte, hat vielleicht mancher denkende Kopf geahnt, daß der Fortschritt der Verkehrstechnik dereinst gewaltige Einwirkungen auf das wirtschaftliche, soziale, militärische und politische Leben der Völker haben werde. Die Zeit von 1450 an ist ausgezeichnet durch das Fortschreiten zum Bau immer größerer Seeschiffe. Die Fortschritte der Schiffahrt beruhten auf den Fortschritten der Mathematik und Naturkunde, die der Forschungsgeist der Renaissance hervorgebracht hatte. Das Aufkommen der Motorluftschiffahrt beruht auf den Fortschritten der Maschinenindustrie, die den leichten Motor hergestellt hat, und dem Vorwärtsstreben einer vervollkommneten Menschheit zu höheren Zielen. Die Verbesserung der Schiffahrt führte zur Auffindung des Seewegs nach Indien und zur Entdeckung Amerikas. Sie führte also zu den größten politischen Veränderungen, die je ein Ereignis in dieser Welt nach sich gezogen hat. Sollte das Aufkommen des Motors in der Luft nicht vielleicht auch grundstürzende Änderungen auf dem Gebiete der Politik hervorbringen?*)

Kann man annehmen, daß die wichtige Rolle des Motors in der Luft für das Kriegswesen ohne Einfluß auf die Politik, auf die Machtverteilung zwischen den Nationen der Welt bleiben wird? Ist es denkbar, daß dieses mit der Eigenschaft der Allgegenwart ausgestattete Fahrzeug das Innere von Afrika, von Brasilien, von China der europäischen Kultur erschließt, und

---

*) Prof. Walter Lotz, Verkehrsentwicklung in Deutschland 1800 bis 1900 in „Aus Natur und Geisteswelt". Leipzig 1906, Seite 8.

doch ohne Einwirkung auf die politischen Schicksale der Nationen bleibt?

Die tastenden ersten Versuche in der Herstellung von Motorluftschiffen und Flugmaschinen, wie wir sie heute in Frankreich, Deutschland und Amerika finden, entscheiden in keiner Weise über die zukünftige Luftmacht dieser Nationen. Diese Versuche sind wichtig und diejenige Nation, die beizeiten die größten Kenntnisse auf aeronautischem Gebiete sammelt, wird auch schöne Vorteile davon ernten. Da sich aber nicht viel geheim halten läßt, so werden die in einem Lande gemachten Erfahrungen schnell in anderen Ländern Verwendung finden.

Die Motorluftschiffahrt im Dienste des Kriegswesens erhöht die Überlegenheit der großen, industriellen und kapitalkräftigen Nationen über die hauptsächlich agrarischen, wenig zivilisierten, kapitalarmen Länder. Die Herstellung von Luftflotten und Transportluftschiffen erfordert Kapital, wenn auch längst nicht so viel, als die Herstellung einer stattlichen Kriegsmarine. Die Erfindung und die Herstellung von Luftfahrzeugen jeder Art hat zur Voraussetzung eine technisch und industriell hochstehende Bevölkerung. Die Maschinenindustrie, die Feinmechanik, die Gummi- und Textilindustrie, sowie die chemische Industrie sind hier von größter Bedeutung. Eine leistungsfähige Luftfahrzeugindustrie wird in den Ländern besonders schnell heimisch werden, wo der Sport und insonderheit der Automobilismus mit Vorliebe betrieben wird. Soll die neue Industrie sehr große Ausdehnung erlangen, so muß das Aufkommen der Industrie durch eine starke Bevölkerungsvermehrung begünstigt werden. Die Industrie der Luftfahrzeuge wird aber eine lebhafte Förderung durch Bestellungen des Kriegswesens, sei es des Heeres oder der Marine, erhalten müssen. Auch durch Aufträge der Postverwaltung kann die Industrie der Luftfahrzeuge sehr begünstigt werden. Wie das Automobil, so wird auch das Luftfahrzeug bald den Zwecken größerer Geschäfte, insonderheit der Warenhäuser oder Versandgeschäfte dienen. Für leichtere Waren werden auch Speditionsgeschäfte sich der Luftfahrtzeuge bedienen. Also auch das Geschäft und der Handel muß diese neue Industrie in Nahrung setzen. Wo der Sport, wo der Handel und Verkehr, wo der Staat dem Luftschiffbau und den Flugmaschinenfabriken anhaltend die größten Aufträge zuwenden, wird diese neue Industrie am besten gedeihen.

Unter allen industriellen und kapitalkräftigen Ländern wird der Sport der Aeronautik am eifrigsten in Frankreich, in Deutschland und in Großbritannien gepflogen. In den Vereinigten Staaten von Nordamerika dürfte sich aber das Interesse an dem Luftsport sehr bald einstellen. Gordon Bennet gehört zu den eifrigsten Förderern der Aeronautik. Im Oktober 1907 wird das Gordon Bennet=Rennen durch die Luft von St. Louis in Amerika aus abgehalten werden.

Die Industrie der Luftfahrzeuge wird begünstigt durch die große Automobilindustrie, wie sie in Frankreich, in den Vereinigten Staaten von Nordamerika, in England und Deutschland besteht. Im Verlauf des Jahres 1906 wurden in der ganzen Welt ungefähr 200000 Automobile und zwar 80000 in Frankreich, 38000 in Amerika, 28000 in England und 22000 in Deutschland erzeugt. Bis jetzt hat Frankreich im ganzen etwa 230000, Amerika 120000, England 88000, Deutschland 80000, Italien 33000 und Belgien 30000 Automobile hergestellt. Der Verbrauch oder Besitzstand an Automobilen dürfte sich aber in diesen verschiedenen Ländern nach anderem Maßstab verteilen. Frankreich hat in sehr großem Umfange und England in starkem Maße für das Ausland gearbeitet. Deutschland hat sehr viel Automobile aus Frankreich bezogen. Noch auf lange Zeit hinaus wird die Fabrikation der leichten Motore für die Luftschiffahrt von denselben Motorfabriken betrieben werden, welche die Automobilindustrie versorgen.

Die Motorluftschiff=Studiengesellschaft zu Berlin, die auf Anregung des deutschen Kaisers ins Leben gerufen ist, hat zur Förderung der Motorluftschiffahrt bereits Anfang März 1907 ein Preisausschreiben für Ballonmotore an die Motorenfabriken gerichtet. In diesem Schreiben wird hervorgehoben, daß der in erster Linie auf militärischem Gebiete liegende Bedarf nach Motorluftschiffen und damit auch Motoren nicht gering sein wird, auch werde der Sport sich bald der Motorluftschiffahrt zuwenden. Um große Motorenfabriken zu veranlassen, sich der Herstellung von Ballonmotoren zuzuwenden, ist allerdings ein Verbrauch nicht nur von Hunderten, sondern von Tausenden von Motoren erforderlich. Man sieht aus diesem Preisausschreiben, welches neben dem Geschäftsführer Hauptmann von Kehler auch von dem Geheimen Regierungsrat Professor Dr. Slaby unterzeichnet ist, daß die Motorluftschiff-Studiengesellschaft einen gewaltigen Bedarf an Motorluftschiffen voraussieht. Auf der Leistungsfähigkeit der Motorenfabriken der Automobilindustrie beruht die Möglichkeit einer schnellen Herstellung von Luftflotten für den Kriegsfall. Man wird annehmen können, daß im Notfall während eines Kriegsjahres ein jeder der obengenannten in der Automobilindustrie hervorragenden Staaten mindestens die doppelte Anzahl von Motorluftschiffen herzustellen vermag, als seine Jahresproduktion an Automobilen beträgt. Die Fähigkeit Frankreichs zur Herstellung von Motorluftschiffen würde im Kriege eine riesenhafte sein, wenn Frankreich nicht das Unglück hat, daß seine Motorenfabriken schon in den ersten Monaten des Krieges vom Feinde besetzt werden. Die meisten französischen Motorenfabriken dürften in Paris ihren Sitz haben. Ihre Tätigkeit wird durch die Einschließung von Paris keineswegs lahmgelegt, sondern nur zu höchsten Leistungsfähigkeit angespornt werden. Durch die Motorluftschiffahrt allein würde das belagerte Paris Aussicht haben, den Belagerer zu vertreiben. Die Fähigkeit Englands und Deutschlands zum Bau von Motorluftschiffen ist im Ernstfall ziemlich gleich hoch einzuschätzen. Allerdings würde Deutschland wohl schneller in der Lage sein, sich die Motorenfabrikation der angrenzenden Länder, also Belgiens, Österreichs, der Schweiz und Italiens zunutze zu machen.

Große Kriegsluftflotten wird aber nur ein Staat aufstellen können, der das an Qualität und Quantität genügende Soldatenmaterial besitzt. Unter den großen, industriellen, kapitalkräftigen und sportbeflissenen Nationen werden die soldatenreichen in der Eroberung der Lüfte vorangehen. Besonders die Einrichtung der Transportluftschiffzüge wird nur denjenigen Kriegsmächten Nutzen bringen, die genügend Soldaten zum Transport durch die Luft zur Verfügung haben. Was nützt einem soldatenarmen Lande die Möglichkeit, eine Armee durch die Luft zu transportieren?

Da die deutsche Nation industriell, erfinderisch, kapitalkräftig, sportliebend und soldatenreich ist, so habe ich in meinem Buche „Berlin-Bagdad, Das deutsche Weltreich im Zeitalter der Luftschiffahrt 1910—1931" der deutschen Luftmacht eine besonders glänzende Zukunft vorausgesagt.

18. Kapitel.

Größere Staaten und größere Zoll= verbände.

Das Bedürfnis, sich gegen einen Angriff durch die Luft zu sichern und seinen Machtbereich zu erweitern, wird im Zeitalter der Motorluftschiffahrt zur Vergrößerung der stärksten unter den bestehenden Staaten führen. Den ersten Anlaß dazu dürfte, wie bei der Begründung des Deutschen Reiches, die Handelspolitik geben. Durch die Verbesserung der Verkehrsmittel sahen sich in der Zeit von 1818 bis 1842 die einzelnen deutschen Staaten gezwungen, einen gemeinsamen Zollverband zu schließen.

Schon heute ist die Frage offen, ob die zahlreichen motorlosen Kugelballons bei ihrer Landung in fremden Ländern für den Ballon oder ihre Waren Zoll zu entrichten haben. Mit der Verbreitung der Motorluftschiffahrt wird die Frage der Ver= zollung eine immer dringendere. Da die Motorluftschiffe an den verschiedensten Punkten eines fremden Landes landen, und oft nur kurze Zeit sich aufhalten, so erscheint es als angemessen, die Motorluftfahrzeuge und alle von ihnen eingeführten Waren vollkommen von der Zollpflicht zu befreien. Je stärker die Motor= luftschiffahrt sich ausbreitet, um so mehr wird man daran denken, den zu Wasser oder zu Lande die Grenze überschreitenden Per= sonen dieselbe Vergünstigung der Zollfreiheit zu gewähren. So wird die Motorluftschiffahrt das Prinzip des Schutz= und Finanz= zolles in nicht unerheblichem Maße durchbrechen, und in ge= wissem Umfange den Freihandel herbeiführen. Die Schutz= und Finanzzölle werden dessenungeachtet eine große Bedeutung be= halten, denn die Masse der Waren, insonderheit alle schweren Waren, wird nach wie vor zu Wasser und zu Lande befördert werden. Aber der unangenehme und chikanöse Charakter aller

Zollbestimmungen wird beseitigt werden. Und das ist ein großer Kulturfortschritt!

In dem Maße, als der Transport leichter Waren durch die Luft zunimmt, steigt das Bedürfnis der einzelnen Staaten nach Erweiterung ihrer Zollgrenzen. Große Zollverbände werden sich bilden, insonderheit werden nahe verwandte Staaten auf dem Kontinent von Europa, wie Deutschland und Österreich-Ungarn, das Bedürfnis fühlen, sich zu einem Zollverein zusammenzuschließen. Aus Zollvereinen dieser Art bildet sich leicht auch ein engeres staatsrechtliches und politisches Verhältnis. Das Durcheinanderwirbeln der Bevölkerung benachbarter Länder durch den Luftverkehr verstärkt dieses Bedürfnis. So wird auch diese neueste und bedeutsamste Verbesserung der Verkehrsverhältnisse zur Bildung neuer Weltreiche führen. Ein für die Motorluftschiffahrt so besonders geeignetes Reich wie das Deutsche Reich wird in erster Linie dazu berufen sein, seine Landesgrenzen auszudehnen zu einem größeren Bundesstaat und Staatenbund. Einen Blick in die politische Zukunft des Deutschen Reiches im Zeitalter der Motorluftschiffahrt habe ich in meinem Buche „Berlin-Bagdad" zu geben versucht.

Nehmen wir an, daß das Deutsche Reich und Österreich-Ungarn sich zu einem Bundesstaate zusammenschließen, so wird dieser vergrößerte Bundesstaat in immer steigendem Maße fühlen, daß die bisher wenig zivilisierten Gebiete der Balkan-Halbinsel und Kleinasien ihm durch die Motorluftschiffahrt näher gerückt sind. Der Einfluß der Luftflotten des deutsch-österreichischen Bundesstaates wird sich im nahen Orient unmittelbar geltend machen. Im Orient selbst wird man das Bedürfnis empfinden zu einem engeren Anschluß an das vergrößerte Deutsche Reich. Wer möchte wohl daran zweifeln, daß die Motorluftschiffahrt zu einer Stärkung der Zentralgewalt beiträgt? Gute Straßen und schnelle Eisenbahnen haben überall die Macht der Zentralgewalt vermehrt. Durch die Motorluftschiffahrt wird der Sultan der Türkei und der Sultan von Marokko zum erstenmal zu wirklichen Herren ihres Landes. Die Beduinen in der Wüste und die räuberischen Stämme des Gebirges werden durch die Technik dem Sultan unterworfen. Selbst die Eskimos am Nordpol werden ihre Unabhängigkeit einbüßen und sich irgendeiner Kulturmacht anschließen müssen.

19. Kapitel.
England — keine Insel mehr.

Unter allen politischen Wirkungen der Motorluftschiffahrt ist weitaus die bedeutsamste die Beseitigung der insularen Eigenschaft der großbritannischen Insel. England ist groß geworden als Insel. Die Auffindung des Seewegs nach Indien und die Entdeckung Amerikas haben die Bedeutung des Seehandels ungeheuer gesteigert. Auf Grund seiner insularen Lage, seiner zahlreichen vortrefflichen Häfen hat sich England seit etwa dem Jahre 1600 die erste Machtstellung in der Welt erworben. Auf Grund seiner maritimen Überlegenheit übt England in Afrika, in Asien, in Australien und in Amerika einen dominierenden Einfluß aus. Das britische Volk hat es verstanden, seine insularen Vorzüge und seine maritime Überlegenheit in meisterhafter Weise auszunützen. Keine andere Nation hat die gleichen Verdienste um das Fortschreiten der Kultur in der ganzen Welt. Der größte Triumph der englischen Nation ist vielleicht der, daß sie dem gewaltigen Volk der Amerikaner ihre Sprache und Sitten aufgedrückt hat.

Diese gewaltige Epoche der Menschheit findet ihren Abschluß mit dem Aufkommen der Motorluftschiffahrt, welche die insulare Lage Englands aufhebt und die maritime Überlegenheit der britischen Flotte beseitigt. Die Erfindung des Kompasses und die Ersetzung der Ruderboote durch große Segelschiffe vernichteten den Handel über Land von Indien nach Westeuropa und unterwarfen Indien der Seeherrschaft Englands. Der Landweg wich dem Seeweg. Der Motor in der Luft bedeutet wiederum den Sieg der Landherrschaft über die Seeherrschaft.

Als Landmacht wird Deutschland durch den Motor in der Luft sich einen ausschlaggebenden Einfluß im Orient bis tief nach Persien hinein verschaffen. Der Motor in der

Luft ist der Adler, unter dessen Fittichen Preußen seine Macht nach Südosten ausdehnen wird. Wie der Adler sich am wohlsten über dem Lande fühlt und nicht gern weit in das Meer hinausschweift, so auch der Motor in der Luft. Auf dem Lande findet er, wie der Adler, sein Futter und sein Ruheplatz. Die Seeschiffahrt hat England mobilisiert, die Motorluftschiffahrt wird Deutschland mobilisieren. Die Größe der Konjunktur und der Konkurrenz hat das arme und träge England des 15. Jahrhunderts aufgerüttelt. Im Seekrieg mit den Spaniern, mit den Holländern, mit den Dänen sind die Engländer erstarkt. Die durch den Motor in der Luft gebotene glänzendste Konjunktur der Weltgeschichte wird das aus jahrtausendjähriger Mißwirtschaft langsam erwachende deutsche Volk gewaltsam aufrütteln und mit ungestümer Tatenlust beseelen. Die Konkurrenz auf dem Gebiete der Aeronautik durch Frankreich, England, Spanien, Italien, Österreich-Ungarn wird die Deutschen zwingen, so tüchtige Luftschiffer zu werden, wie die Engländer Seefahrer wurden. Unter dem Zeichen der Motorluftschiffahrt wird das Deutsche Reich seine Macht in der Richtung von Berlin nach Bagdad ausdehnen. Die wahrscheinlichen Grundrisse dieser Entwickelung habe ich in meinem Buch „Berlin-Bagdad, Das deutsche Weltreich im Zeitalter der Motorluftschiffahrt 1910 bis 1931" zur Darstellung gebracht.

Ist England in der Lage, diese Entwickelung zu verhindern? Nein, weil England keine Insel mehr ist und weil die maritime Überlegenheit der englischen Kriegsmarine in der Nordsee ihr Ende gefunden hat. Der Motor in der Luft ermöglicht es Deutschland, im Kriege mit England Truppen durch die Luft und zu Wasser nach England zu werfen. Heute ist die Landung einer Armee zur See unmöglich. Im Zeitalter der Motorluftschiffahrt wird aber eine Landung deutscher Truppen zur See in England leicht möglich sein. Die englische Marine steht eben nicht nur der deutschen Marine gegenüber, sondern wird auch von den deutschen Schlachtluftschiffen unter Feuer genommen. Die Vernichtung der englischen Kriegsmarine in der Nordsee und im Kanal durch die deutschen Schlachtluftschiffe ist in keiner Weise ausgeschlossen. Dann ist aber auch eine Landung großer Truppenmassen zu Wasser möglich. Wir haben oben schon gesehen, daß der Transport einer Armee von 400 000 Mann durch die Luft vom Kontinent nach England in zehn Jahren keinen besonderen Schwierigkeiten begegnet. Eine Landung durch die Luft läßt sich von deutschem Gebiet etwa von Nordeich aus in einer Nacht bewerkstelligen. Leichter wird sich aber eine solche Landung von der belgischen oder französischen Küste aus herstellen lassen. Die Entfernung von Nordeich nach England beträgt 400 km, von Calais nach Dover aber nur rund 35 km. Von Nordeich würde also die Landungsflotte acht Stunden unterwegs sein, von Calais aus aber nur eine Stunde. Eine Landung von Frankreich aus würde also die Möglichkeit gewähren, dieselben Luftschiffe in derselben Nacht etwa achtmal zu verwenden.

Ich bin weit davon entfernt, zu behaupten, daß die Landung einer deutschen Armee in England jemals stattfinden werde. In Deutschland will niemand einen Krieg mit England. Es ist also sicher, daß die Deutschen stets alles aufbieten werden, um einen Krieg mit dem blutsverwandten Volke der Engländer aus dem Wege zu gehen. In Großbritannien ist ebenso niemand so unvernünftig, einen Krieg mit Deutschland herbeizuwünschen. Die klugen und weitsehenden Engländer werden der Veränderung der Technik durch das Aufkommen des Motors in der Luft Rechnung tragen. Sie werden also die Ausdehnung der Macht des Deutschen Reiches nach Konstantinopel und Bagdad nicht zu verhindern suchen. An ruhigen Zuständen auf der Balkanhalbinsel, an einer Kultivierung und Zivilisierung der europäischen und asiatischen Türkei sowie Persiens hat auch England das größte Interesse. Auch der Absatz der englischen Waren in diese Gegenden wird, nachdem sie von den Deutschen der Kultur erschlossen sind, bedeutend zunehmen, sicher sich mehr als verzehnfachen. Beklagt heute irgend jemand in Deutschland, daß Amerika, Kapland, Australien, Indien durch England der Kultur erschlossen und dem Absatz der deutschen Waren zugänglich gemacht sind? Mit Vergnügen bezieht Deutschland seine Baumwolle aus Amerika und Indien und seine Schafwolle aus Australien und Kapland.

Wenn es nun aber gegen das vitale Interesse beider Nationen doch einmal zum Kriege kommen sollte, wäre es in diesem Falle nicht möglich, daß die englische Aeronautik sich der deutschen überlegen zeigte? Zu einer solchen Annahme liegt kein Grund vor.

Für die Entwickelung der Motorluftschiffahrt ist Deutschland ein besser geeigneter Boden als England. Der Motor in der Luft gedeiht auf dem Kontinent besser, als auf einer Insel. Im Jahre 1905 wurden in England 119 415 cbm Gas für motorlose Luftballonfahrten konsumiert, in Deutschland aber 258 410. Mit Ängstlichkeit vermeidet jeder Luftschiffer die See. Die größere der beiden britischen Inseln, die England und Schottland umfaßt, hat einen Flächeninhalt von 224 000 qkm, während das Deutsche Reich 540 656 qkm Fläche hat. Überdies steht dem deutschen Aeronautiker der ganze Kontinent von Europa zur Verfügung. Kein Wunder, daß die Aeronautik in Deutschland besser gedeiht als in England. Allerdings wird die Motorluftschiffahrt eine ungeheure Vermehrung auch der englischen Aeronautik hervorbringen, da sich die Engländer des Motorluftschiffes bedienen werden, um den Kontinent zu besuchen. Aber die Motorluftschiffahrt wird in den ersten Jahrzehnten am Lande kleben. Die kontinentalen Fahrten werden immer eine weit größere Rolle spielen als die ozeanischen.

Für den Luftschiffer ist England keine Insel mehr. Für die Seeschiffahrt bleibt aber England eine Insel. Und darin besteht ein Nachteil Großbritanniens. Die schweren Lasten der Nahrungsmittel und Rohstoffe werden England nach wie vor nur zur See und nur in wenigen bestimmten Häfen zugeführt werden können.

Wir haben oben am Schluß des 14. Kapitels „Der Seekrieg" schon erörtert, daß die Zufuhr Großbritanniens an Nahrungsmitteln und Rohstoffen im Kriege durch eine feindliche Luftmacht abgeschnitten werden kann. Die nicht gepanzerten Handelsschiffe sind gegen eine Beschießung aus der Luft fast wehrlos. Durch das Legen frei schwimmender oder verankerter Minen kann eine feindliche Luftmacht ganz Großbritannien mit einer Kette von Minen umgeben. Die wenigen großen Häfen können jede Nacht aufs neue von der feindlichen Luftmacht durch Seeminen versperrt werden.

In einem Kriege zwischen England und Deutschland setzt sich England der Gefahr aus, daß die Häfen, insonderheit der Kriegshafen Portsmouth, durch die deutsche Luftmacht bombardiert werden. Allerdings hätte die englische Luftflotte die Möglichkeit, irgendeinen Punkt des Deutschen Reiches unter Feuer zu nehmen. Aber es liegt auf der Hand, daß die Nahrungsmittelzufuhr für das Deutsche Reich über seine langen Landgrenzen auf tausend

Wegen und Bahnlinien um vieles mehr sicher gestellt ist, als die Nahrungsmittelzufuhr Großbritanniens nach den wenigen großen Häfen. Selbst wenn Großbritannien eine dreimal so große Luftflotte hätte wie das Deutsche Reich, würde es seine Nahrungsmittelzufuhr nicht sicher stellen können. Auch bei zehnfacher Überlegenheit würde es sich nicht gegen den Verlust ganzer Handelsflotten zu schützen vermögen. Ein von einem Torpedoschuß getroffenes Getreide- oder Baumwollschiff ist aber dauernd verloren. Der Bau großer Seeschiffe dauert halbe oder ganze Jahre, während Motorluftschiffe wie Automobile in der Massenfabrikation hergestellt werden.

Man kann heute unschwer voraussagen, daß England im Zeitalter der Motorluftschiffahrt zur Sicherung seiner Nahrungsmittel- und Rohstoff-Zufuhr im Kriegsfalle den Bau eines Eisenbahntunnels unter dem Kanal veranlassen wird. Nur die Zufuhr durch den Tunnel wäre gegen den Angriff feindlicher Luftflotten gesichert. Das Ende des Tunnels gegen einen Luftangriff zu verteidigen, ist für die englische Luftflotte eine leichte Aufgabe.

Wird der Motor in der Luft England nur Nachteil bringen? Nein, keineswegs. Der Motor in der Luft garantiert dem britischen Volke die Aufrechterhaltung seiner Kolonialherrschaft gegen jeden kolonialen Aufstand auf Generationen hinaus. Heute würde England bei einem gleichzeitigen Aufstand in Indien und Ägypten einen sehr schweren Stand haben, anders in wenig Jahren. Die englischen Kriegsluftflotten werden in kürzester Frist jeden Aufstand in den entlegensten Stellen Indiens oder Ägyptens niederwerfen. Generationen werden vergehen, bevor diese eingeborenen Völker in die Lage kommen, gegen die Kriegsluftflotte eines so kapitalkräftigen, industriellen und sportliebenden Volkes wie des englischen anzukämpfen. Derselbe Motor in der Luft, der die Intelligenz, das Rassenbewußtsein und das Nationalbewußtsein der Eingeborenen vermehren wird, liefert der herrschenden Nation auch die mächtige Waffe zur Aufrechterhaltung der von ihr eingesetzten Ordnung. Die Wirkungen des äronautischen Verkehrsmittels werden parallelisiert durch die Wirkungen des äronautischen Kriegsmittels.

Da kein anderer Staat, in Sonderheit auch Deutschland nicht, auch nur im Entferntesten auf den Erwerb britischer Kolonien ausgeht, wird die tatsächliche Macht Großbritanniens über sein koloniales Weltreich im Zeitalter der Motorluftschiffahrt größer sein als je zuvor. Und die ist für Großbritannien um so wichtiger, als der Reichtum der gewaltigen Kolonien durch den Motor in der Luft gefördert wird.

Solange die britischen Inseln durch das Meer vom Festlande getrennt waren und jeder Verkehr nur über das Meer erfolgen konnte, fand die Macht des seegewaltigen Britanniens ihre Schranke vor den meerumspülten Küsten des Kontinents. In Zukunft muß jede kontinentale Macht mit der Möglichkeit rechnen, daß eine mächtige britische Luftflotte während der Nacht direkt über der eignen Hauptstadt erscheint. Seit den Tagen Lord Wellingtons wird zum erstenmal wieder Britanniens Kriegsmacht in den Landschlachten des Kontinents als Luftmacht eine Rolle spielen. Die Luftmacht einer so kapitalkräftigen, industriellen, sportliebenden und erfinderischen Nation wird in jedem Landkriege Europas als gewichtiger Faktor erscheinen. In dem Kriege 1866 oder 1870 war der Wille Großbritanniens für die kriegführenden Parteien nicht von besonderer Bedeutung. Bei jedem kontinentalen Kriege der Zukunft kann Großbritannien das Gewicht der Torpedos seiner Kriegsluftschiffe ohne langwierige Rüstung sofort mit in die Wagschale werfen. Der Wert der Freundschaft mit Großbritannien bewegt sich im Zeitalter der Motorluftschiffahrt in aufsteigender Richtung.

Der alte Gegensatz zwischen England und Rußland hat eine Veränderung des Stärkeverhältnisses der beiden Rivalen zuungunsten Rußlands erfahren. In einem künftigen Kriege zwischen England und Rußland muß Rußland mit der Möglichkeit rechnen, daß eine englische Luftflotte nicht nur Petersburg, sondern sogar Moskau bombardiert. Die Besetzung einer Insel im baltischen Meere würde der englischen Luftflotte neben den Schiffen der eigenen Seeflotte als Operationsbasis dienen. Hingegen ist bei der Rückständigkeit aller russischen Verhältnisse nicht anzunehmen, daß eine russische Luftflotte in den nächsten 15 Jahren die britischen Inseln oder Indien zu bedrohen vermag.

England ist keine Insel mehr, aber es ist auch ohne Landarmee zu einer kontinentalen Landmacht geworden.

In dieser vollständigen Umwertung aller militärischen und politischen Werte scheint mir für jede verständige Kulturnation eine ernste Mahnung zum Frieden zu liegen.

20. Kapitel.
Japan und Amerika.

Durch die Motorluftschiffahrt wird die Macht, die auf den britischen Inseln ihren Sitz hat, geschwächt. Diejenige Macht aber, die auf den japanischen Inseln ihren Sitz hat, wird durch die Motorluftschiffahrt gestärkt. Auf dem England benachbarten Kontinent wohnen mächtige, für die Aeronautik sehr befähigte Nationen von großem Reichtum und höchster Intelligenz. Auf dem ostasiatischen Kontinent gegenüber Japan gibt es keine große, den Japanern ebenbürtige kapitalkräftige, industrielle, für die Aeronautik befähigte Nation. Die Russen werden auf den Schlachtluftschiffen nicht mehr leisten als einst auf den Kriegsschiffen bei Tsuschima. Die Chinesen werden ebensowenig wie die Russen in den nächsten Jahrzehnten durch die Luft Armeen in Japan landen lassen. Die riesenhafte Ausdehnung Chinas und Sibiriens wird den Japanern nicht mehr als eine Mahnung zum Maßhalten in ihren Eroberungsplänen erscheinen. Auch nicht die entfernteste Ecke des chinesischen Reiches wird sich dem Einfluß der japanischen Luftflotten entziehen können. Nicht nur im Kriege, sondern auch im Frieden haben die Kriegsflotten der englischen, deutschen oder französischen Marine in den Seehäfen Chinas eine bessere Behandlung der Fremden und ihrer Waren erzwungen. Wenn die japanischen Schlachtluftflotten über das weite chinesische Reich bis nach Tibet ihre Manöver abhalten, wird jeder chinesische Bauer die Macht Japans respektieren. Der Einfluß der amerikanischen, der englischen oder der deutschen Kriegsmarine in den Häfen des chinesischen Reiches wird in die Gefahr kommen, sich zu vermindern. Die Seemacht der weit entfernten Großmächte tritt zurück hinter der Luftmacht des nahen Japans. Japan bedarf künftig nicht mehr der wohlwollenden Unterstützung Englands durch einen Bündnisvertrag. Japan behauptet die

Vorzüge seiner insularen Lage voll und ganz. Die Stärke der japanischen Flotte wird nicht durch feindliche Luftflotten benachbarter Großmächte gemindert. Die Stärke Japans beruht aber nicht nur, wie die Stärke Englands, auf der Seeherrschaft. Japan ist die einzige Insel, die eine starke Armee auf Grund der allgemeinen Wehrpflicht in das Feld zu stellen vermag. Während das Fehlen einer Armee sich im Zeitalter der Motorluftschiffahrt auf den britischen Inseln mehr und mehr fühlbar macht, werden die Japaner an ihrer Landarmee immer größere Freude haben. Die Motorluftschiffahrt bietet ihnen die Möglichkeit, ihre Landarmee auf dem kürzesten Wege und mit der größten Geschwindigkeit tief nach Sibirien oder China hineinzuwerfen. Die künftige Mobilisation Japans wird um vieles schneller erfolgen, als im Jahre 1904. Mit ihrer Land-, See- und Luftmacht sind die Japaner auch in der Lage, ihr Banner auf den Philippinen aufzupflanzen und zu behaupten. Nur in enger Anlehnung an Deutschland, England und Frankreich wird es den Amerikanern möglich sein, sich für die Dauer ihre Herrschaft auf den Philippinen zu sichern.

Wenn die Vereinigten Staaten von Nordamerika auch an den Philippinen leichter verwundbar wären, so fällt diese Tatsache in keiner Weise ins Gewicht gegenüber den großen Vorteilen, welche die Motorluftschiffahrt den Vereinigten Staaten gewährt. Bisher war immerhin die Möglichkeit, daß Japan oder eine europäische Macht die Häfen der Vereinigten Staaten blockierte oder gar Truppen landete. Sobald die Vereinigten Staaten sich im Besitze einer starken Schlachtluftflotte befinden, sind die fremdländischen Kriegsflotten an ihrer Küste in einer sehr üblen Lage. Auf eine Entfernung von 200—400 km von der Küste an werden gut geleitete Schlachtluftflotten die See unbedingt beherrschen. Nur dürfen die Luftflotten sich nicht zu weit und zu lange von dem Lande entfernen, wo ihre Benzinvorräte lagern. Sicher aber werden die Amerikaner ihre Macht auf dem amerikanischen Kontinent in dem Zeitalter der Motorluftschiffahrt beträchtlich erweitern. Bisher haben sie sich bei den vielen und fortgesetzten Konflikten der südamerikanischen und zentralamerikanischen Staaten vorsichtig reserviert verhalten, um nicht in einen lästigen Landkrieg verflochten zu werden. In Zukunft werden sie den südamerikanischen Staaten nicht nur zur See, sondern auch zu

Lande überlegen sein. Die kapitalkräftigen, industriellen, sportliebenden Vereinigten Staaten können künftig einen Landkrieg im Innern Südamerikas lediglich von der Luft aus führen. Die Entsendung einer größeren Schlachtluftflotte ist den Amerikanern sympathischer als die Entsendung einer größeren Armee. Die allgemeine Wehrpflicht eignet sich nicht für die Vereinigten Staaten. Da die Vereinigten Staaten nicht einer großen soldatenreichen, industriellen, für die Aeronautik befähigten Kriegsmacht benachbart sind, so haben sie auch nicht, wie England, einen Einfall feindlicher Armeen zu fürchten. Die Überlegenheit der amerikanischen Flotte wird, solange sie sich an den Küsten von Nord- oder Südamerika hält, nicht durch feindliche Luftflotten gemindert.

Ohne besondere Anstrengungen und ohne Gefahren werden die Vereinigten Staaten von Nordamerika im Zeitalter der Motorluftschiffahrt an Macht zunehmen. Mühsamer schon und wahrscheinlich nicht ohne Kampf wird Japan die größeren Chancen des Glückes, die ihm der Motor in der Luft entgegenträgt, auszunützen wissen. Am meisten bedroht durch den Motor in der Luft ist Deutschland, das rings von Staaten mit industrieller, zur Aeronautik befähigter Bevölkerung umgeben ist. Der Motor in der Luft bietet Deutschland aber auch die Möglichkeit, die Gefahr zu überwinden. Die Überwindung der Gefahr, nämlich die Herstellung einer allen anderen Mächten überlegenen Luftmacht bietet Deutschland die glänzendsten Chancen der Weltgeschichte.

Der neue, französische, lenkbare Militärballon „La Patrie" vor dem Aufstieg.

21. Kapitel.

Frankreich und Deutschland.

Durch den Motor in der Luft wird die französische Kriegsmacht sich außerordentlich verstärken. Die Aeronautik ist den Franzosen ebenso wie der Automobilismus gewissermaßen auf den Leib zugeschnitten. Auch der Automobilismus wird in seiner Weiterentwickelung dem französischen Heere im Ernstfalle gute Dienste leisten. Sobald ein erheblicher Teil der Artillerie und des Trains durch das Automobil befördert werden wird, wird Frankreich, dessen Automobilindustrie von hervorragender Leistungsfähigkeit ist, wesentliche Vorteile haben. Die Beförderung von Infanterie auf Automobilen wird in künftigen Kriegen wahrscheinlich in erheblichem Umfange zur Anwendung kommen. Der Automobilismus wird eine wesentliche Beschleunigung der Mobilmachung zur Folge haben. In höherem Maße aber noch als für den Automobilverkehr zeigt sich die französische Nation für die mit dem Automobilismus so eng verwandte Motorluftschiffahrt beanlagt. Selbst wenn man die gegenwärtige militärische Überlegenheit Deutschlands über Frankreich auf 40% veranschlagt, wird man zugestehen müssen, daß ein Zurückbleiben Deutschlands auf dem Gebiete der Motorluftschiffahrt in wenig Jahren zugunsten des schwächer bevölkerten Frankreichs sich ausgleichen würde. Die französische Heeresverwaltung hat sich bei Einführung des Motors in der Luft in das Kriegswesen vollkommen auf der Höhe der Zeit gezeigt. Der Vorsprung der französischen Luftmacht gegenüber der deutschen ist nicht wegzuleugnen.

Bisher bestand zwischen Frankreich und Deutschland nur ein Zankapfel und das ist Elsaß-Lothringen. In dem Zeitalter der Motorluftschiffahrt würde es einen zweiten Zankapfel geben und das ist Marokko. Gegenwärtig will Deutschland Marokko nicht erwerben. Zur See kann es Deutschland gegen den Willen Englands nicht erwerben und nicht behaupten, und zu Lande ist der Weg für unsere Infanterie zu weit, zu heiß und zu sandig. Im Zeitalter der Motorluftschiffahrt aber wird Deutschland Marokko auf Grund seiner Luftmacht erwerben und behaupten können. Auch wird England in Anbetracht der Möglichkeit einer deutschen Landung durch die Luft und zu Wasser im Zeitalter der Motorluftschiffahrt keinen Einspruch gegen den Erwerb Marokkos durch Deutschland einlegen.

Frankreich aber wird zufrieden sein, wenn Deutschland etwa durch eine Teilung Belgiens zwischen Frankreich und Deutschland den französischen Wünschen entgegenkommt. Frankreich wird damit rechnen müssen, daß auf die Dauer Deutschland unter allen Umständen über Frankreich siegreich bleibt. Und im Zeitalter der Motorluftschiffahrt wird Deutschland sich nicht mit einer Kriegsentschädigung und mit Erwerbung der französischen Erzgebiete begnügen. Im Zeitalter der Motorluftschiffahrt erlangt die belgische und französische Küste etwa bis Calais für die deutsche Strategie eine ungeheure Bedeutung. In Deutschland ist aber jeder Mann für den dauernden Frieden mit Frankreich, und selbst die Vorteile eines siegreichen Krieges vermögen den Wunsch nach dem Kriege bei der deutschen Bevölkerung niemals zu erwecken.

Verträglichkeit ist für zwei so hervorragende Kulturnationen ebenso wichtig, wie für zwei gebildete Gutsnachbarn. Die gemeinsam unternommene Eroberung der Luft wird die beiden großen Kulturvölker durch den gemeinsamen Sieg über den Widerstand der Naturkräfte verbinden und befreunden.

22. Kapitel.

Der Fortschritt der Kultur.

Wenn der Motor in der Luft nur im Kriege und der Politik eine gewichtige Rolle spielte, so würde ihm nicht die epochemachende Bedeutung innewohnen, um ein neues Zeitalter zu eröffnen. Die Ereignisse und Ergebnisse des Krieges und der Politik kommen und verschwinden. Hat Napoleon I. auf die Gestaltung der Welt einen ebenso nachhaltigen Einfluß ausgeübt wie seine bescheidenen Zeitgenossen James Watt, der Erfinder der Dampfmaschine, Hagreaves und Arcwright, die Erfinder der Spinnmaschine, oder Cartwright, der Erfinder des mechanischen Webstuhls? Diese und zahlreiche andere Erfinder und Entdecker können mit Recht von sich sagen, daß sie die Gestaltung der Dinge in dieser Welt in viel stärkerem Maße beeinflußt haben, als Napoleon I., Alexander der Große und Julius Cäsar. Politische Schöpfungen vergehen bald. Der Zug Alexanders des Großen nach Indien konnte keine dauernden Wirkungen haben, da er nicht von wirklichen Kulturerrungenschaften unterstützt wurde. Hätte ein kleiner Waffenschmied in seinem Heere ihm eine Eisenbahn durch seine Länder gebaut, so würde der kleine Mann einen größeren Einfluß ausgeübt haben, als sein großer Feldherr. Unvergänglich ist nur der stete Fortschritt der Menschheit zu höherer Zivilisation. Zu diesem Ziele aber wird das Motorluftschiff mehr beitragen als irgendeine Erfindung zuvor.

Wird der Motor in der Luft wirklich einen so tiefen Einschnitt in das kulturelle Leben der Völker machen? Wäre es nicht möglich, daß die öffentliche Meinung recht behält, die sich auf große Veränderungen noch nicht eingerichtet hat? In dem Beharrungsvermögen der öffentlichen Meinung liegt oft viel Wahres. Die große Menge der Menschen wünscht gar nicht lebhafte Veränderungen. Wenn man vor Einführung der Eisen=

bahn den Menschen jener Zeit alle Veränderungen dieses neuen
Verkehrsmittels in den nächsten 80 Jahren vor Augen geführt
hätte, so hätten sie in der Mehrzahl wahrscheinlich gegen die
Einführung der Eisenbahn gestimmt. Nur wenig vorurteilsfreie
Menschen sind unbedingt für den Fortschritt, für die Neuerung,
wie immer sie schließlich ausschlagen möge.

Wenn der Motor in der Luft wirklich die Eigenschaften besitzt,
die wir oben bei ihm festgestellt haben, so können wir seine
Wirkung auf die Kultur der Menschheit in der Hauptsache be=
rechnen. Die Wirkung wird eintreten wie der Erfolg eines Natur=
gesetzes. Wir wissen, wie von altersher die Anlage von Straßen
und die Ausbildung des Schiffahrtsverkehrs gewirkt hat. Wir
stehen noch unter der Wirkung der Ausdehnung und Verbesserung
des Eisenbahnnetzes.

Als die wichtigste Eigenschaft des Motors in der Luft haben
wir die Eigenschaft der Allgegenwart festgestellt. Durch den
Motor in der Luft wird es dem Menschen möglich, jeden Punkt
auf dem Lande, auf dem Wasser, in der Luft zu erreichen und
wieder zu verlassen. Durch alle bisherigen Verkehrsmittel ist die
Herrschaft des Menschen über den Raum nur in einem gewissen
Umfange erweitert worden. Durch den Motor in der Luft in
Verbindung mit der drahtlosen Telegraphie und Telephonie wird
diese Herrschaft des Menschen über den Raum zu einer vollkom=
men. Die Tätigkeit des Menschen wird ausgedehnt, aber sie wird
auch eingeengt. Die Wissenschaft breitet sich aus, und der Aber=
glaube verschwindet.

Der Schutz schlechter Wege mindert sich. Unter dem Schutz
schlechter Wege sind Irrlehren und falsche Propheten erstanden,
Hexen verbrannt, Unschuldige gefoltert worden. Menschenfresser
und andere Kanibalen sind die aufrichtigsten Gegner der Motor=
luftschiffahrt.

Das Ziel der gesamten Kulturarbeit ist die Entlastung des
Menschen von seiner Körperlichkeit. Das mechanische Gewicht
und die Unzulänglichkeit der Fähigkeiten seines Körpers hindern den
Menschen in der vollen Betätigung seiner Bestrebungen. Die
Mechanik hat die Aufgabe, die Menschheit von den Hindernissen
der Körperlichkeit, von den Hemmnissen des Raumes und der
Zeit zu entlasten. Das Meisterwerk der Mechanik ist der Motor
in der Luft. Indem der Motor in der Luft das Hindernis des

Raumes und der Zeit in so großem Umfange hinwegräumt, macht er unabsehbare Mengen menschlicher Kräfte für die Kulturarbeit frei. Die Eisenbahn hat bereits zugunsten des Menschen die Erde verkleinert. Die Motorluftschiffahrt und die Telephonie ohne Draht sind die bedeutsamsten Mittel zur Verkleinerung der Erde. Je kleiner die Welt, um so größer ist der Mensch! Wer je aus einem Ballon einige tausend Meter auf diese Erde herabgeschaut hat, der wird ein Vorgefühl gehabt haben von der Befreiung des Menschen durch die Motorluftschiffahrt. Der Motor in der Luft ist das mächtigste Rüstzeug zur Bekämpfung der Hindernisse, welche Raum und Zeit der Menschenbegegnung, dem Nationenverkehr, der Zivilisation entgegenstellen. Nach Max Maria von Weber*) sind durch die bewegte Dampfmaschine zu Lande und zu Wasser Zeiten und Räume, welche sich der Menschenbewegung zu zivilisatorischer Begegnung entgegenstellen, auf ungefähr ein Fünftel ihrer früheren hindernden Macht zusammengeschmolzen. Die Kulturkraft des Menschen aber ist um so viel gewachsen, als der Erdball ihm gegenüber kleiner geworden ist.

Die Kultur der Neuzeit unterscheidet sich von der Kultur des Altertums hauptsächlich durch den technischen Grundgedanken der Zwangläufigkeit der Bewegung.**) Die erste zwangläufige Bewegung zeigen die um das Jahr 1200 erfundenen Uhren und die im 15. Jahrhundert aufkommenden Feuerwaffen. Um das Jahr 1500 kam in den Bergwerken am Harz und im Erzgebirge die Spurbahn auf. Im Jahre 1767 wurde bei Newcastle in England die erste eiserne Spurbahn zum Transport für Kohlen gebaut. Im Jahre 1829 zog zum erstenmal Stephensons Lokomotive einen Eisenbahnzug. Bald jagte man den elektrischen Funken den Draht entlang zwangsweise um die Erde. Durch die drahtlose Telegraphie sucht man sich von der Zwangläufigkeit der Drahtleitung zu befreien. Durch den Motorwagen und das Fahrrad will sich der Mensch mehr oder weniger von dem Zwange der Spurbahn loslösen. Der Motor in der Luft löst ihn los, nicht nur von dem Zwange der Spurbahn, sondern auch von dem Zwange der Straße, von dem Zwange des Landes, von

---

*) Max Maria von Weber „Aus der Welt der Arbeit," herausgegeben von Maria von Wildenbruch, Berlin 1907, Seite 467.
**) Dr. Ing. Launhardt, „Am sausenden Webstuhl der Zeit." Seite 52.

dem Zwange des Wassers. Durch den Motor in der Luft wird der Mensch souverain in der Auswahl seines Weges. Nach der bisherigen Vorstellung der Menschen zu den verschiedensten Zeitaltern und bei den verschiedensten Rassen besitzt dieses Vorrecht, auf dem Luftwege jeden Punkt der Erdoberfläche und jeden Punkt der Atmosphäre zu erreichen, nur die Gottheit allein.

Durch die Verkehrsvervollkommnung der Luftschiffahrt werden getrennte Glieder eines Volkes zu staatlicher Einheit geführt werden. Zwischen verschiedenen Rassen und Nationen werden die Gegensätze vielfach sich verschärfen. Der Gegensatz der Polen und Deutschen, der Tschechen und Deutschen, der Neger und der Weißen, der Chinesen und der Europäer wird schärfer werden. Völker, die die Natur weit auseinandergerückt und mit anderer Hautfarbe, anderer Gesichtsbildung, anderen Eigenschaften ausgestattet hat, werden durch den Motor in der Luft vollständig durcheinandergewirbelt. Der Motor in der Luft vermehrt, wie die Verbesserung aller Verkehrsmittel vor ihm, die Bildung. Mit der Ausdehnung des Eisenbahnnetzes und der allgemeinen Volksschulbildung ist in den einzelnen Volksstämmen Österreich-Ungarns erst das Nationalbewußtsein erwacht und der Nationalitätenstreit hervorgerufen. Die Tschechen, die Kroaten, die Slovenen, die Ruthenen, die Tartaren, die Armenier, die Georgier, die Kurden — sie alle erhalten erst mit der Verbreitung der Kunst des Lesens und Schreibens eine Literatur und das Bewußtsein ihrer nationalen Fähigkeiten. Durch die Erleichterung des Verkehrs vermögen die früher getrennten fremden Bestandteile in einem Volke sich zu vereinigen und gemeinsam ihre Ziele zu vertreten. Schon heute kann man mit Sicherheit voraussagen, daß dereinst auch verschiedene Völker derselben Religion sich zusammenschließen werden, und daß der Mohammedanismus als Gesamtbewegung seine Kräfte zeigen wird. Aber der Motor in der Luft, der die Verbindung aller Mohammedaner erleichtert, wird auch den Glauben an Mohammed untergraben, indem er den Geist der Wissenschaft hineinträgt in den Orient.

Das Zeitalter der Motorluftschiffahrt ist dem Aufkommen neuer Propheten und Madis wenig günstig. Ihre Lehre steht regelmäßig unter dem Schutze schlechter Verkehrsverhältnisse. Der Motor in der Luft als das höchste Produkt menschlicher Kunst und Wissenschaft ist auch der schnellste Träger der Wissenschaft und

Aufklärung. Aber ſicher iſt er das beſte Fahrzeug für den Agitator. In Amerika wie in Afrika gibt es eine Negerfrage. Selbſt in Europa und Amerika ſpricht man von einer gelben Gefahr. Die Verſtändigung der gelben Nationen untereinander, oder der Neger, oder der Mohammedaner, oder der Buddhiſten wird durch nichts ſo erleichtert als durch den Motor in der Luft und die drahtloſe Telephonie, deren vornehmſter Träger er iſt. Der Motor in der Luft iſt das Transportmittel der Polarforſcher, der Miſſionare, der Löwenjäger, der Zeitungsreporter, des Handelsmannes und des Unternehmers.

Noch heute iſt das Hochland von Tibet gegen Europäer kaum zugänglich. Von der chineſiſchen Seite verhindert den Zugang die chineſiſche Regierung, von der indiſchen Seite die engliſche Regierung. Erſt das Motorluftſchiff wird einen engen Verkehr mit der Hauptſtadt Tibets, Chaſſa, ermöglichen.

Der Motor in der Luft bedeutet eine Umwertung aller Werte. Die Eiſenbahnen haben überall den Bodenwert längs den Bahnlinien bedeutend im Preiſe geſteigert. Die Motorluftſchiffahrt wird den Bodenwert weiter Länder, die heute kaum zugänglich ſind, heben. Sie wird Ordnung und Rechtſchutz nach Marokko, Arabien und Perſien bringen. Indem ſie die Bildung verbreitet, wird ſie die Landwirtſchaft in dieſen Ländern fördern und induſtrielle Unternehmungen ermöglichen. Das Bedürfnis nach Eiſenbahnen wird erwachen, um die Erzeugniſſe der Landwirtſchaft und der Induſtrie transportieren zu können. Wie immer, ſo wird man zunächſt diejenigen Bodenſchätze heben, die am wertvollſten ſind, und die ſich am leichteſten transportieren laſſen. Wo immer Gold und Diamanten zu finden ſind, wird man ſie unter dem neugeſchaffenen Rechtſchutz ausbeuten. Große rückſtändige Länder mit wenig Eiſenbahnen und ſchlechten Wegen wie Rußland werden verhältnismäßig die größten Fortſchritte unter dem Einfluß der Motorluftſchiffahrt machen. Der Motor in der Luft wird dem ruſſiſchen Muſchik Bildung und Kapital zuführen. Unter dem Zeichen der Motorluftſchiffahrt wird es möglich ſein, den ruſſiſchen Gemeindebeſitz aufzuheben, die Dreifelderwirtſchaft abzuſchaffen und zu einer intenſiveren Wirtſchaft überzugehen. Der Motor in der Luft wird den Volksſchullehrer und den techniſchen Lehrer der Landwirtſchaft, ebenſo wie den Darlehnsgeber für den auf fruchtbarem Boden arbeitenden Bauern des weiten russischen Reiches allgegenwärtig machen. Selbstverständlich kann ein schlecht wirtschaftender, unwissender, abergläubischer und armer Bauer nicht von heute auf morgen sich in einen tüchtigen, fleißigen und wohlhabenden Mann verwandeln. Aber die Zeit der Umwandlung der extensiven in die intensive Kultur auf dem bäuerlichen Acker des großen Rußlands wird sich erheblich verkürzen. Was früher nur in 100 Jahren zu erreichen war, wird jetzt in 50 oder 30 Jahren geschaffen werden. Der Motor in der Luft wird in Rußland und in Rumänien die Progroms beseitigen und die Aufrechterhaltung der Ordnung sichern.

In einem so zivilisierten Lande wie in Deutschland wird ein erheblicher Ausgleich zwischen Stadt und Land erfolgen. Zunächst werden alle Sportliebhaber auf das Land ziehen, um dort Terrain für die Errichtung breiter und hoher Hallen für die Motorluftschiffahrt zu erwerben. An der Ostsee, im Harz, in Thüringen werden sich bald große Kolonien von Berliner Sportsliebhabern bilden. Unternehmer werden Verkehrsluftlinien von den Plätzen der Sommerfrische nach Berlin, Hamburg oder Leipzig einrichten. Die Fahrt von der Ostsee nach Berlin am Morgen und zurück am Abend wird man als eine besonders angenehme Erholung betrachten. Eine Luftreise in der Höhe von 2000 m ist für den Großstädter auch in der Tat sehr bekömmlich. Jeder, der sich im Kugelballon ab und zu dieses Vergnügen gönnt, wird mit mir darin übereinstimmen, daß kein Sport, auch die Besteigung der höchsten Berge in den Alpen nicht, sich mit einer Luftfahrt messen kann. Der Zug von der Stadt auf das Land wird um so mehr zunehmen, wenn es gelingt, das Fahren im Motorluftschiff von allen unangenehmen Nebenerscheinungen zu befreien. Heute stört noch das Geräusch der Schraube und das Vibrieren des Benzinmotors. Aber das Fahren auf der ersten Eisenbahn von Leipzig nach Dresden in den offenen Wagen soll auch nicht zu den besonderen Annehmlichkeiten gehört haben. In dem Maße, als die Schnelligkeit der Eigenbewegung der Motorluftschiffe sich vermehrt, werden die Großstädter ihren Sommerwohnsitz immer weiter aus der Stadt verlegen. Das weitere Publikum wird erst im Laufe von Jahren sich an die Benutzung des Luftweges gewöhnen. Durch den Sport und das Militär wird aber diese Gewöhnung schon in wenig Jahren in breitere Schichten der Bevölkerung hineingetragen werden. Man kann für Deutschland also annehmen, daß der Bodenwert in den Plätzen der Sommerfrische, im Gebirge und an der See erheblich steigen wird. Da aber Berlin oder München auch viel leichter zu erreichen ist, so wird der Besuch der Metropolen auch erheblich zunehmen. Die Luftschiffahrtshäfen bei den deutschen Großstädten werden, ähnlich wie heute die Bahnhöfe, ein großes Areal beanspruchen. Hierdurch und durch den fremden Zufluß wird auch der Bodenwert in den Großstädten nicht sinken, sondern steigen. Die Vermehrung des Verkehrs bei gleichzeitiger Erholung durch die Luftfahrt wird die Arbeitsleistung im einzelnen erhöhen. Insonderheit wird die enge Verbindung mit Afrika und Asien befruchtend auf die industrielle und kommerzielle Tätigkeit einwirken.

Die Vergrößerung der Zollverbände und Hinausschiebung der Landesgrenzen wird allen Beteiligten zugute kommen. Heute zweifelt niemand daran, daß Bayern, Hamburg und das Königreich Sachsen von der Begründung des Deutschen Reiches gleichermaßen Vorteil gehabt haben. Sollte sich unter dem Zeichen der Luftschiffahrt Holland und Österreich-Ungarn mit dem Deutschen Reiche zu einem Bundesstaat vereinigen, so wird bald die Erkenntnis eine allgemeine sein, daß diese Vereinigung das wirtschaftliche und soziale Wohlbefinden aller Teile befördert hat.

Die Herstellung geordneter Verhältnisse auf dem Balkan und in Kleinasien muß eine wohltätige Rückwirkung auf die Industrie und den Handel in Österreich-Ungarn und in Deutschland haben. Kleinasien und die Länder des Euphrat und Tigris können sich der Einwirkung des Motors in der Luft nicht entziehen. Die Rückwirkung auf Deutschland und Österreich-Ungarn wird eine um so größere sein, als sie von dem Motor in der Luft und der drahtlosen Telephonie getragen wird. Der österreichische und deutsche Einfluß in Konstantinopel wird steigen, der englische wird zurückgehen. Die ideale Lage Deutschlands im Herzen von Europa wird durch den Motor in der Luft verstärkt werden. Der Motor in der Luft bringt die Länder sich näher. Er wird immer hauptsächlich ein Transportmittel über Land sein, er wird seinen zivilisatorischen Einfluß auf dem Lande ausüben. Daher muß Deutschland schon seiner geographischen Lage nach gewissermaßen der Mittelpunkt der europäischen Motorluftschiffahrt werden.

Durch die Motorluftschiffahrt werden die Vereinigten Staaten von Nordamerika ihren wirtschaftlichen Einfluß in verstärktem Maße auf Südamerika und Mittelamerika erstrecken. Kapitalanlagen in Südamerika werden ein geringeres Risiko in sich schließen. Ordnung und Gesetzmäßigkeit werden auch dort zunehmen. Die wirtschaftliche Erschließung Südamerikas wird schnelle Fortschritte machen. Länder wie Brasilien mit so gewaltigen, schwer zugänglichen Gebieten werden erst durch die Motorluftschiffahrt zivilisiert werden.

Die Motorluftschiffahrt wird auch die trägsten und rückständigsten Menschenmassen in China, Zentralafrika oder Brasilien beweglich machen und zum Denken zwingen. Man male sich die Revolution in den Anschauungen und in dem Volksleben des chinesischen Volkes aus, wenn Tausende von Motorluftfahrzeugen in einem Monat aus Europa, Indien oder Japan die von der europäischen Kultur noch unberührten Gegenden im Innern oder im Westen von China plötzlich aufsuchen. Man stelle sich die Überraschung der Neger von Innerafrika, der Eingeborenen von Innerbrasilien, oder der Eskimos am Nordpol vor, wenn sie plötzlich den Besuch von Weißen im Luftschiff erhalten.

Wie die Eisenbahn oder das Dampfschiff, so wird der Motor in der Luft den Reichtum der Menschheit vermehren. Die Menschheit wird reicher werden. Die Quelle des Reichtums besteht in den drei Produktionsmitteln Natur, Kapital und Arbeit. Wir haben schon gesehen, daß alle drei Produktionsfaktoren im Zeitalter der Motorluftschiffahrt zunehmen werden. Auch der bisher unzugängliche oder kaum kultivierte Teil der Erdoberfläche wird der Kultur erschlossen werden. Eine weitere Vermehrung der Natur besteht in dem Reich der Lüfte. In den kommenden Jahrzehnten und Jahrhunderten wird der Weg durch die Luft den Verkehr auf der Erdoberfläche außerordentlich entlasten. In 100 Jahren wird man nicht begreifen, wie in dem dichtbewohnten Europa die Menschen früher ohne den Luftverkehr auskamen. Durch den Motor in der Luft wird unendlich viel Arbeit erspart und die Arbeitsleistung des Einzelnen bedeutend vermehrt. Die freiwerdenden und verbesserten Arbeitskräfte werden aus den neu erschlossenen Gebieten der Natur neue Kapitalien erzeugen. Insonderheit wird die vollkommene Erschließung Afrikas den Reichtum der Menschheit enorm vermehren.

Trotz der schnell wachsenden Zunahme der Bevölkerung wird auf den Einzelnen im Durchschnitt ein größeres Vermögen und Einkommen entfallen als bisher.

Das Bedürfnis einer Weltsprache wird sich mehr und mehr geltend machen. Zunächst wird in Deutschland auf den Schulen das Lateinische und Griechische zurückgehen und dem Englischen, Französischen und Russischen weichen. Die Völker des Balkans und Kleinasiens werden sich mit der deutschen Sprache und Kultur vertraut machen müssen.

Das Aufkommen der Eisenbahnen war überall von der staatlichen Genehmigung abhängig. Da aber die Staatsmänner vielfach sehr wenig erleuchtet waren, so hat die Verbreitung der Eisenbahn erhebliche Verzögerungen erlitten. Das Aufkommen der Motorluftschiffahrt aber ist von dem Wollen des Staates unabhängig. Die Verkehrsluftlinien werden von privaten Unternehmern gegründet werden. Niemand wird daran denken, dem Staate ein Monopol dafür einzuräumen. Der Wohlhabende wird ein eignes Motorluftschiff besitzen, wie heute ein Automobil. Sobald die Flugmaschine, die schwerer als die Luft ist, sich als leistungsfähig erweist, wird auch der kleinere Mann sie sich erwerben können. Die Motorluftschiffahrt wird das Individuum wieder mehr unabhängig von der Allmacht des Staates machen.

Der Motor in der Luft wird sich erweisen als der stärkste Feind aller Rückständigkeit, allen Aberglaubens, aller Unwissenheit.

Indem der Motor in der Luft dem Willen des Menschen die Erde unterwirft, befreit er zugleich den Menschen von ungezählten Fesseln.

An den Motor in der Luft dürfte vorausahnend der geniale Archimedes gedacht haben, als er die Worte sprach:

„Gib mir einen Punkt, wo ich hintreten kann,
Und ich werde die Welt aus ihren Angeln heben."

www.ingramcontent.com/pod-product-compliance
Lightning Source LLC
Chambersburg PA
CBHW031222230426
43667CB00009BA/1443